MARCO POLO

Reisen mit Insider Tipps

ENGLAND

MARCO POLO Koautor
Michael Pohl

Es muss irgendwo zwischen dem Ärmelkanal und dem ersten englischen Frühstück gewesen sein, als der Journalist noch zu Schulzeiten seine Vorliebe für die Britischen Inseln entdeckte. Inzwischen berichtet er seit fast 15 Jahren über Land und Leute, Politik und Sonderbares in Großbritannien und Irland. Zeitweise lebte er in Bristol, wo er auch heute noch regelmäßig anzutreffen ist.

www.marcopolo.de/england

← **UMSCHLAG VORN: DIE WICHTIGSTEN HIGHLIGHTS**

Die besten Insider-Tipps → S. 4

INSIDER TIPP

Best of ... → S. 6

Der Norden → S. 32

Der Westen → S. 52

4	**DIE BESTEN INSIDER-TIPPS**
6	**BEST OF ...** ● TOLLE ORTE ZUM NULLTARIF S. 6 ● TYPISCH ENGLAND S. 7 ● SCHÖN, AUCH WENN ES REGNET S. 8 ● ENTSPANNT ZURÜCKLEHNEN S. 9
10	**AUFTAKT**
16	**IM TREND**
18	**STICHWORTE**
24	**ESSEN & TRINKEN**
28	**EINKAUFEN**
30	**DIE PERFEKTE ROUTE**
32	**DER NORDEN** DURHAM, LAKE DISTRICT, LEEDS, LIVERPOOL, MANCHESTER, NEWCASTLE, YORK
52	**DER WESTEN** BIRMINGHAM, CHELTENHAM, OXFORD, SHREWSBURY
66	**DER OSTEN** CAMBRIDGE, COLCHESTER, LAVENHAM, NORWICH

SYMBOLE

INSIDER TIPP Insider-Tipp

★ Highlight

●●●● Best of ...

☼ Schöne Aussicht

☺ Grün & fair: für ökologische oder faire Aspekte

(*) Kostenpflichtige Telefonnummer

PREISKATEGORIEN HOTELS

€€€ über 140 Euro

€€ 90–140 Euro

€ unter 90 Euro

Die Preise gelten für ein Doppelzimmer einschließlich Frühstück in der Hochsaison

PREISKATEGORIEN RESTAURANTS

€€€ über 40 Euro

€€ 20–40 Euro

€ unter 20 Euro

Die Preise gelten für ein Gericht mit Vorspeise oder Nachtisch ohne Getränke

---

Titelthemen: Wellness mit jahrtausendealter Tradition S. 78 | Auf literarischer Spurensuche S. 94

INHALT

DER SÜDEN 78
BATH, BRIGHTON, CANTERBURY, LONDON, PORTSMOUTH, ST. IVES

AUSFLÜGE & TOUREN 92
SPORT & AKTIVITÄTEN 98
MIT KINDERN UNTERWEGS 102
EVENTS, FESTE & MEHR 106
ICH WAR SCHON DA! 108
LINKS, BLOGS, APPS & MORE 110
PRAKTISCHE HINWEISE 112
SPRACHFÜHRER 118

REISEATLAS 122

REGISTER & IMPRESSUM 142
BLOSS NICHT! 144

Der Osten → S. 66

Der Süden → S. 78

Ausflüge & Touren → S. 92

Reiseatlas → S. 122

GUT ZU WISSEN
Geschichtstabelle → S. 12
Spezialitäten → S. 26
Public Schools → S. 61
Bücher & Filme → S. 64
Währungsrechner → S. 113
Was kostet wie viel? → S. 115
Wetter in London → S. 116
Aussprache → S. 118

KARTEN IM BAND
(124 A1) Seitenzahlen und Koordinaten verweisen auf den Reiseatlas
(O) Ort/Adresse liegt außerhalb des Kartenausschnitts Es sind auch die Objekte mit Koordinaten versehen, die nicht im Reiseatlas stehen
(U A1) Koordinaten für die Karte von London im hinteren Umschlag

UMSCHLAG HINTEN: FALTKARTE ZUM HERAUSNEHMEN →

FALTKARTE
(A–B 2–3) verweist auf die herausnehmbare Faltkarte
(a–b 2–3) verweist auf die Zusatzkarte auf der Faltkarte

2 | 3

Die besten MARCO POLO Insider-Tipps

Von allen Insider-Tipps finden Sie hier die 15 besten

INSIDER TIPP Schlafen wie ein Burgherr

In der Bishop's Suite in Durham Castle wird dieser Traum wahr. Wer sich in den ehrwürdigen Gemächern zur Ruhe begibt, fühlt sich um Jahrhunderte zurückversetzt → S. 35

INSIDER TIPP Ein Muss für David-Hockney-Fans

Saltaire: Einstiger Musterort für Industriearbeiter, heute größte David-Hockney-Ausstellung → S. 38

INSIDER TIPP Partytime

Im geschichtsträchtigen Newcastle steppt am Wochenende der Bär – und auch sonst ist hier eine Menge los → S. 44

INSIDER TIPP Hochherrschaftliches Anwesen

Seaton Delaval Hall ist Englands bedeutendstes Barocklandhaus, dessen Pracht auch Feuer, Belagerungen und Pleiten nichts anhaben konnten → S. 48

INSIDER TIPP Hügelig, grün und unentdeckt

Die ländliche Grafschaft Shropshire ist eine herrliche Hügellandschaft und vom Tourismus noch relativ unberührt → S. 52

INSIDER TIPP Dinner mit Aussicht

Der Blick auf die malerischen Dörfer der Cotswold ist im Mount Inn (Foto o.) ebenso genial wie das Essen → S. 58

INSIDER TIPP Urige Markthallen

Alle reden von der Uni – aber Oxford hat auch einen bunten Markt (Foto re.), der mindestens ebenso besuchenswert ist wie die altehrwürdigen Colleges → S. 60

INSIDER TIPP Durstlöscher nach der Kahnpartie

Punting auf Oxfords Gewässern ist ein großer Spaß – und gerade für Ungeübte schweißtreibend. Die wohlverdiente Erfrischung danach wartet im Victoria Arms Pub → S. 61

INSIDER TIPP **Genuss in historischem Gemäuer**
Fast so ursprünglich wie sein Name ist der Pub Adam and Eve in der Domstadt Norwich, der als ältester der Stadt gilt → S. 75

INSIDER TIPP **Ein Drink in luftigen Höhen**
Im Dachgarten des Trafalgar Hotel in London können Sie der Säulenfigur Lord Nelson bei einem Drink tief in die Augen sehen → S. 87

INSIDER TIPP **Immer an der Küste entlang**
Der Fernwanderweg an Norfolks Nordküste führt zu Sandstränden, in herrliche Naturschutzgebiete und zur anschließenden Stärkung in urige Pubs → S. 101

INSIDER TIPP **Obladi, oblada**
Liverpool ist das Mekka aller Beatles-Fans. Hunderttausende aus aller Welt treffen sich dort alljährlich im August zum Mathew Street Festival → S. 107

INSIDER TIPP **Willkommen an Bord der Concorde**
Der Flughafen von Manchester ist der größte Airport außerhalb Londons und bietet mehr als Flüge: In einem kleinen Museumspark steht eine echte Concorde, die im Rahmen von Führungen besichtigt werden kann → S. 42

INSIDER TIPP **Per Boot von Museum zu Museum**
Das Tate Boat verbindet die beiden Londoner Museen Tate Modern und Tate Britain auf dem Wasserweg. Die Fahrt über die Themse dauert ca. 15 Minuten und ist eine nette Abwechslung zwischen den Ausstellungsbesuchen → S. 86

INSIDER TIPP **Eine Nacht hinter Klostermauern**
Gesegnete Ruhe garantiert: Die Nonnen des Ordens Hl. Jungfrau Maria betreiben das Bar Convent in York, das älteste noch bewohnte Kloster Englands, als Bed & Breakfast → S. 49

BEST OF ...

TOLLE ORTE ZUM NULLTARIF
Neues entdecken und den Geldbeutel schonen

SPAREN

- ### *Trainspotting im Museum*
  Das *National Railway Museum* in York ist ein Paradies für Trainspotter: Mit mehr als 100 historischen Loks und vielen anderen Exponaten ist es das größte Museum seiner Art in England und kostet keinen Eintritt (Foto) → **S. 48**

- ### *Die Werke junger Künstler*
  Der Brite „Jim" Ede sammelte Kunst des 20. Jhs., indem er sein Haus jungen Künstlern zur Verfügung stellte. Die Sammlung können Sie im *Kettle's Yard* in Cambridge sehen – ebenfalls gratis → **S. 68**

- ### *Chormusik der Spitzenklasse*
  Der *Chor des King's College* in Cambridge zählt zu den besten Chören des Lands. Während des Semesters haben Sie fast täglich im Rahmen der Gottesdienste in der College-Kapelle Gelegenheit, ihm live und umsonst zu lauschen → **S. 70**

- ### *Kunst aus der Supermarktfamilie*
  Lord Robert und Lady Lisa Sainsbury gründeten nicht nur ein Supermarktimperium, sie trugen im Lauf ihres Lebens auch eine bemerkenswerte Kunstsammlung zusammen, die nun im *Sainsbury Centre* in Norwich zu sehen ist und keinen Eintritt kostet → **S. 75**

- ### *Collegeluft schnuppern*
  Die meisten der altehrwürdigen Hochschulen im Land können Sie besichtigen, jedoch nur gegen Eintrittsgebühr. Das *Trinity College* öffnet Ihnen immerhin seine Bibliothek kostenlos – und einen Teil des Geländes gleich dazu → **S. 69**

- ### *Gratiskonzert in Bath*
  England ist bekannt für seine hochkarätigen Musikfestivals, die in der Regel auch ein kostspieliges Vergnügen sind. Schauen Sie ins Programm, meist sind einzelne Punkte kostenlos, wie etwa das Eröffnungskonzert im Royal Victoria Park des *Bath Music Festivals,* das der Auftakt der jährlichen Veranstaltungsreihe ist → **S. 106**

●●●●● Diese Punkte zeichnen in den folgenden Kapiteln die Best-of-Hinweise aus

TYPISCH ENGLAND
Das erleben Sie nur hier

● *Auf ein Pint in den Pub*
Egal ob Sie Bier mögen oder nicht – was zählt, ist die Atmosphäre in einem echten englischen Pub. Je kleiner und älter, desto originaler, wie das *Eagle & Child* in Oxford. Bestellen Sie (am Tresen!) ein Pint Real Ale, das lange Zeit meistgetrunkene Bier im Pub → S. 61

● *Kahnfahren auf Studentenart*
Der liebste Zeitvertreib unter Studenten ist auch eine tolle Abwechslung für Besucher: Mieten Sie sich z. B. in Cambridge ein *Boot* und „punten" Sie den Fluss entlang → S. 70

● *Zu Gast im Privathaus*
Vor allem in Touristengegenden bieten Ihnen zahlreiche Familien unter dem Motto „Bed & Breakfast" (B & B) eine Unterkunft – mal mehr, mal weniger komfortabel, immer aber mit einem fulminanten warmen Frühstück, wie im *Harriet House* in Canterbury → S. 84

● *Küstenimpressionen*
Einer der schönsten Küstenabschnitte Englands sind die weißen *Klippen von Dover*, die für Fährreisende vom europäischen Festland oftmals der erste – und prägendste – Eindruck der Insel sind (Foto) → S. 84

● *Die Heimat der Fab Four*
England ist die Heimat unzähliger Popgruppen, die bekannteste und wahrscheinlich bedeutendste stammte aus Liverpool: The Beatles. Eine geführte *Tour* bringt Sie zu allen Orten, die für die Fab Four von Bedeutung waren → S. 39

● *Hauptkirche der Anglikaner*
Die *Kathedrale in Canterbury* ist nicht nur Sitz der anglikanischen Kirche, sondern mit ihren einzigartigen Glasfenstern auch eines der schönsten Gotteshäuser im Land, das Sie nicht verpassen sollten → S. 83

● *Neues Leben in alten Häfen*
Bristol war einst eine bedeutende Hafenstadt. Dann wurden die Schiffe so groß, dass sie nicht mehr in den Hafen einlaufen konnten. Inzwischen wurden die *Docks* wie viele andere im Land restauriert und avancierten zur beliebten Kultur- und Partymeile → S. 81

BEST OF ...

SCHÖN, AUCH WENN ES REGNET
Aktivitäten, die Laune machen

REGEN

● *Britische Geschichte*
Es ist das Museum der Museen in England – und kaum an einem Tag zu schaffen. Das *British Museum* in London gibt Aufschluss über die kulturelle Geschichte einer ganzen Nation, ist gespickt mit beachtenswerten Ausstellungsstücken und zudem abwechslungsreich aufbereitet → S. 86

● *Günstig einkaufen*
Nutzen Sie einen Regentag zum Einkaufen – und Sparen. Meist an den großen Autobahnen und in der Nähe größerer Städte schießen Outlet-Malls aus dem Boden, in denen Markenprodukte zu reduzierten Preisen verkauft werden, u. a. die *Lowry Outlet Mall* in den Salford Quays in Manchester → S. 43

● *Ab in den Berg*
Die *Wookey Hole Caves* in Somerset zählen zu den beeindruckendsten Höhlen Großbritanniens. Ideal bei Regen – denn von der Sonne hätten Sie hier unten ohnehin nichts → S. 105

● *Tropen unter Glas*
Draußen Regen, drinnen Regenwald: Im *Eden Project* in Cornwall wird in einem Tropenwaldareal unter Kunststoffkuppeln die Nachhaltigkeit menschlichen Tuns anschaulich demonstriert (Foto) → S. 91

● *Wo Königin Victoria residierte*
England ist reich an Burgen und Herrenhäusern. Ein besonders schönes und großes können Sie auf der Isle of Wight besichtigen: *Osborne House*, das Königin Victoria als Sommersitz diente → S. 90

● *Klettern im Kirchenschiff*
Das *Newcastle Climbing Centre* ist eines der größten Indoor-Kletterzentren in Nordengland – und noch dazu ein ganz besonderes: Sie gehen in einer ehemaligen Kirche die Wände hoch → S. 45

ENTSPANNT ZURÜCKLEHNEN
Durchatmen, genießen und verwöhnen lassen

● **Baden wie die Römer**
In Bath haben sich die Römer einst an der Thermalquelle erholt – seit ein paar Jahren können Sie es ihnen gleichtun. Das *Thermae Bath Spa* ist ein sehr aufwendig gestaltetes Thermalbad. Höhepunkt: relaxen im Dachpool unter freiem Himmel (Foto) → S. 80

● **Shakespeare in Stratford-upon-Avon**
Stratford lebt davon, Geburtstadt Shakespeares zu sein. Die *Royal Shakespeare Company* hat sich dessen Erbe verpflichtet und verwöhnt ihre Zuschauer regelmäßig in den Theatern Stratfords mit hochkarätigen Aufführungen – einfach zurücklehnen und genießen! → S. 56

● **Mit dem Solarboot übern See**
Die *Norfolk Broads* zählen zu den größten Feuchtgebieten Englands und sind zudem ein Paradies für Vogelliebhaber. Auf der Seenplatte können Sie sich per Sonnenkraft umherschippern lassen und die einmalige Landschaft vom Wasser aus genießen → S. 77

● **It's Tea Time!**
Die Tradition des *afternoon teas* (eine vereinfachte Form nennt sich *cream tea*) wird auch heute noch gepflegt. Besonders exquisit werden Sie nachmittags im Londoner *Langham Hotel* verwöhnt: Tee, Sandwiches, Gebäck und ein Glas Champagner helfen, die Zeit zwischen Mittag- und Abendessen zu überbrücken → S. 87

● **Wellness mit Stil**
Wenn Ihnen nach anstrengendem Sightseeing der Sinn nach Erholung in stilvollem Ambiente steht, sollten Sie in *Middlethorpe Hall* in York absteigen, einem Landsitz mit großem Garten und Wellnessbereich → S. 49

● **Strandtag**
Auch in England gibt es Tage voller Sonnenschein, ganz ohne Regenschauer, die perfekt für einen faulen Strandtag sind. *Bournemouth* an der Südküste bietet Ihnen feinsten Sand, sauberes Wasser und alle Annehmlichkeiten eines Seebads → S. 89

AUFTAKT

ENTDECKEN SIE ENGLAND!

Kennen Sie England aus Rosamunde-Pilcher-Erzählungen? Von den Fällen der Miss Marple? Aus James-Bond-Filmen, von Berichten über das Königshaus und ein bisschen auch aus Monty Pythons skurrilen Sketchen? Dann seien Sie gewarnt: England ist wirklich so – und doch mitunter ganz anders. Die einstige Weltmacht hat über Jahrhunderte von ihrer Insellage profitiert und sich dadurch vieles Historische bewahren können – inklusive mancher (aus heutiger kontinentaleuropäischer Sicht) unüblicher Regel wie dem Linksverkehr oder Maßen wie Pint, Fuß oder Meile.

Und doch ist England ein Land, das sich ganz dem Fortschritt verschrieben hat. Hier wird geforscht, entwickelt und gebaut, was das Zeug hält. Einst hatte die industrielle Revolution hier ihren Ursprung. Auf der Insel entstand die erste Eisenbahn der Welt, hier ging die erste U-Bahn-Linie in Betrieb, deren Name „Metropolitan" (kurz: Metro) fortan weltweit namensgebend für dieses Transportmittel werden sollte. Hier entstanden bedeutende Schiffe, Fahrzeuge – aber auch wichtige Wirtschaftstheorien: Die Werke des Ökonomen John Maynard Keynes gehören heute zur Grundausbildung

Bild: Dorset, Durdle Door

Neu und Alt eindrucksvoll vereint: Tower Bridge und Greater London Assembly Building

in jedem Wirtschaftsstudium. Und auch wenn Karl Marx den Großteil seiner Theorien nicht in seiner Zeit im englischen Exil verfasst haben soll – er liegt hier zumindest auf dem Highgate-Friedhof von London begraben.

Heute fußt die britische Wirtschaft freilich eher auf Dienstleistung, Tourismus und dem Bankenwesen – London ist einer der wichtigsten Finanzplätze der Welt. Das beschert dem Alltag vor allem in den Großstädten eine ganz internationale Dynamik: In den alten Docks von London entstand schon vor Jahren für das Finanzwesen ein komplett neuer Stadtteil. Es hat sich ein ganz eigener Architekturstil entwickelt, der nicht nur – wie inzwischen in aller Welt – von viel Glas geprägt ist, sondern auch von Materialien aus unterschiedlichen Regionen Englands: Holz, Stahl, Schiefer und

43–61 n. Chr.
Die Römer erobern Britannien

450
Angelsachsen besiedeln England, Cornwall bleibt keltisch

1066
Schlacht von Hastings. Durch den Sieg der Normannen wird Wilhelm der Eroberer König von England

1534
Heinrich VIII. gründet die anglikanische Staatskirche und wird deren Oberhaupt

1642–1649
Bürgerkrieg, Hinrichtung Charles' I., England ist unter Cromwell zeitweilig republikanisch

AUFTAKT

anderem Gestein. Dabei vermeidet man heute die Bausünden der Sechziger- und Siebzigerjahre – nicht alles wird einfach gedankenlos plattgemacht, um Neuem Platz zu schaffen. Vielmehr wird vieles erhalten, eher behutsam durch neue Gebäude ergänzt.

Engländer gehen nach wie vor gern in alte, rustikale Pubs – doch es entstehen am laufenden Band auch neue, moderne Restaurants. Sie sind es, die den lange Zeit als miserabel geltenden Ruf der britischen Küche endlich retten konnten: Allein in London etwa gibt es heute rund 50 Sternerestaurants. In jedem noch so kleinen Ort findet man inzwischen einen Koch, dessen Rezepte an Menüs britischer Starköche wie Jamie Oliver oder Gordon Ramsey erinnern.

Auch dem englischen Wetter haftet ein ähnlich zweifelhafter Ruf an wie der Küche – und dies ebenfalls zu Unrecht. Sicher, die Britischen Inseln sind kein Garant für 14 Tage durchgängigen Sonnenschein; genauso wenig wie dies im übrigen West- und Mitteleuropa der Fall ist. Doch eines ist bewiesen: Das Wetter in England ist moderat, angenehm. Es wird nie richtig kalt und nie richtig heiß. Selbst zwischen eventuellen Regenschauern scheint immer wieder die Sonne. Außerdem ist das Klima ideal für viele Pflanzen, selbst tropische. Das Land mit den bunten Blumen an Straßen und in den herrlichen Landschaftsgärten und Dörfern, die aussehen, als würde eine Gartenschau abgehalten, macht tatsächlich den Eindruck, als ob Heerscharen von Gartendesignern sich rund

> **Das englische Klima ist ideal für viele Pflanzen**

1689
Bill of Rights: Einschränkung der Macht der Monarchie

1707
Schottland wird mit England zum Kingdom of Great Britain *(Act of Union)*

1714–1834
Das Haus Hannover auf dem britischen Thron: Georg I. ist erster König in Personalunion

1756–1763
Siebenjähriger Krieg. England wird führende See- und Kolonialmacht

1769
Patentierung der Dampfmaschine, England wird erste Industrienation

um die Uhr um das pflanzliche Wohl der Insel kümmern würden. Die Besichtigung von Gärten, ob Landschaftsparks oder intimere Blumengärten, gehört zu den beliebtesten Freizeitbeschäftigungen der Engländer.

Auch Liebhaber von historischen Dampf- und Elektroloks haben in England ihre helle Freude. Für diejenigen, die sich (noch) nicht als Fans dieser Fahrzeuge definieren, sind die Dampfloks eine liebe Erinnerung an vergangene Zeiten. Besonders idyllisch ist eine Fahrt mit der North York Moors Railway, die mit einer Höchstgeschwindigkeit von 25 Meilen in der Stunde durch die Newtondale-Schlucht fährt. Kommt dabei der Gedanke auf, selbst aktiv zu werden, führt er direkt zum Fahrradfahren. Noch zur Jahrtausendwende war die Insel in dieser Beziehung eher verrufen. Es gab kaum Radwege, und die Kultur des Fahrradfahrens war fast verloren gegangen. Nach und nach aber wurde das National Cycle Network ausgebaut. Es entstanden Routen, auf denen man die schönsten Gebiete ganz oder weitgehend ohne Autoverkehr durchqueren kann.

> **Heute lässt sich das Land auch problemlos per Fahrrad entdecken**

Marketingstrategen arbeiten intensiv daran, England als modernes Land mit weltbekannten Designern, Künstlern und Architekten zu vermarkten. Mit Erfolg. Prestigeträchtige Neubauten zeigen die Modernität englischer Städte. In Newcastle beeindrucken am südlichen Tyne-Ufer die kühne Millennium Bridge und The Sage, ein von Sir Norman Foster entworfener Komplex mit Konzerthallen. Im Hafengebiet von Manchester entstand das Imperial War Museum North. Hier bildet ein aufregendes Werk des Stararchitekten Daniel Libeskind den Rahmen für einen kritischen Blick auf das Thema „Mensch und Krieg". In Birmingham wurde ein desolates Einkaufsviertel in der Stadtmitte erneuert und unter dem Beifall der Architekturkritiker eröffnet. Und auch im täglichen Leben ist vieles moderner, ja europäischer geworden. Selbst die Königin bemüht sich um Volksnähe und zahlt inzwischen sogar Steuern. Ihr Sohn Charles durfte 2005 endlich seine langjährige Geliebte Camilla heiraten.

Dennoch ist die Geschichte des Lands ständig präsent. Vielerorts stößt man auf Spuren von Römern, Wikingern und Normannen. Im äußersten Norden Englands erstrecken sich die eindrucksvollen Überreste des größten römischen Monuments auf briti-

1800 Durch die Integration Irlands entsteht das Vereinigte Königreich von Großbritannien und Irland

1832 Erste Erweiterung des Wahlrechts, Schritt auf dem Weg zur Demokratie

1837–1901 Regierungszeit Queen Victorias, ihr Jubiläumsjahr (1897) gilt als Höhepunkt britischer Weltmacht

1922 Unabhängigkeit Irlands. Neuer Staatsname: Vereinigtes Königreich von Großbritannien und Nordirland

1952 Krönung Elizabeths II.

AUFTAKT

Sightseeing auf die klassisch englische Art: per Doppeldeckerbus Bristol erkunden

schem Boden: der Hadrian's Wall. Das südliche Bath, das zum Unesco-Weltkulturerbe zählt, ist vor allem für seine Thermalquellen aus der keltisch-römischen Zeit berühmt. Doch in noch stärkerem Maße spricht aufmerksame Reisende das Unerwartete an, die kleinen Begebenheiten, die Geschichte lebendig werden lassen. Etwa im Lord Nelson Pub in Burnham Thorpe ein Real Ale zu trinken und sich vorzustellen, dass genau hier Nelsons Abschiedsfest vor der großen Schlacht von Trafalgar stattgefunden hat. Solche Begegnungen mit der Vergangenheit sind in England keine Seltenheit und wecken die Entdeckerfreude ebenso wie der Besuch von aus Büchern und Filmen bekannten Schauplätzen. Dazu gehören z. B. die Kathedrale in Gloucester oder der Bahnhof in Goathland, die im ersten Harry-Potter-Film als Kulisse dienten,

Aus Büchern und Filmen bekannte Schauplätze

und natürlich die einzigartige Landschaft Cornwalls mit ihren schroffen Klippen und kleinen Fischerhäfen, die Sie vielleicht schon aus den Romanen Rosamunde Pilchers kennen …

1973 Beitritt zur EU

1997 Tony Blair wird Premierminister und modernisiert das Land

2010 Sieg der Konservativen bei Parlamentswahl, Premierminister ist David Cameron

2011 Die Hochzeit von Prinz William und Kate Middleton wird zum Staatsereignis und beschert dem Königshaus neue Popularität

2012 Nach 1908 und 1948 ist London zum dritten Mal Austragungsort der Olympischen Sommerspiele

IM TREND

1 Countryroads

Mountainboard Auf allzu hohe Berge müssen die Engländer verzichten, auf einem Mountainboard kommen einem aber auch Hügel wie der Himalaja vor. Wie Sie unbeschadet und mit Spaß durch das holprige Terrain kommen, zeigt *Another World (Keighley Road, Ogden, Halifax)*. *Out to Grass (Woodend Farm, Cradley, Malvern)* verleiht die Ausrüstung und besitzt einen coolen Parcours zum Testen. Wer auf den Geschmack gekommen ist, kauft sein Brett bei den Designern von *NoSno (www.nosno.com, Foto)*.

2 Post anno dazumal

Letterboxing Mitte des 19. Jh. wurde Letterboxing im *Dartmoor (www.dartmoorletterboxing.org)* erfunden. Die witzige Schnitzeljagd erinnert an das heutige Geocaching, kommt aber ohne Technik aus und wartet stattdessen mit spannenden Rätseln auf. Inzwischen gibt es die Kästen mit Rätseln und Geheimnissen auch im *North York Moor (www.north-yorkmoors.org.uk)*. Der Künstler Alec Finlay hat im ganzen Land Kästen mit kleinen Gedichten platziert. Seine Werke sind unter anderem im *Yorkshire Sculpture Park (Wakefield, Foto)* zu sehen.

3 Gute Nacht!

Luxuscamping Meerblick und Himmelbett erwarten die Luxuscamper in der *Bodrifty Farm (Newmill, Penzance)*. In den Jurten in Bristol lassen sie sich auf Chesterfieldsofas und anderen Antiquitäten nieder *(Harptree Court, East Harptree)*. Auch in den *Ekopods (The Old Vicarage, St. Clether, Launceston, Foto)* müssen die Gäste sich nicht im Verzicht üben: Die umweltfreundlichen Edelzelte sind mit Doppelbett und Ofen, Badewanne und Sonnenterrasse ausgestattet.

In England gibt es viel Neues zu entdecken. Das Spannendste auf dieser Seite

Château Windsor

Weinprobe statt Pubbesuch An Wein denken wohl die wenigsten beim Urlaub in England. Dabei pflanzen selbst die Royals mittlerweile Rebstöcke im Park von Windsor an. Bis daraus allerdings ein guter Tropfen wird, kann es noch dauern. Andere sind schon weiter: so wie *Camel Valley (Nanstallon, Bodmin, Foto)*. Mit ihren Rot-, Weiß- und Schaumweinen hat das Weingut in Cornwall schon einen ganzen Haufen alteingesessener Konkurrenten aus Frankreich, Spanien und Kalifornien abgehängt. In den Surrey Hills wachsen dagegen die Trauben des *Denbies Guts (London Road, Dorking)*. Auf dem weitläufigen Weingut finden ebenfalls Verkostungen und Touren statt, und selbst bei britischem Nieselwetter lohnt ein Ausflug: Die „Indoors Wine Experience" informiert ganzjährig über die großen Schritte, die England in Sachen Rebensaft in den vergangenen Jahren gemacht hat.

Für die grauen Zellen

Im Club Kopf oder Körper? Diese Entscheidung müssen die Engländer bei der Freizeitgestaltung nicht mehr treffen. So vermischt das *Chessboxing (www.londonchessboxing.com, Foto)* zwei Sportarten – Schach und Boxen. Nur, wer in beidem was draufhat, kann gewinnen. Comedy trifft Wissenschaft: Die *Bright Clubs (www.brightclubs.org)* laden Komiker, Musiker oder Forscher zu kurzweiligen Debatten in Städten in ganz England ein. *The Idler Academy (www.idler.co.uk/academy)* veranstaltet rund um London Gespräche und Workshops zu Themen von „The Big Lebowski" über urbane Vogelkunde bis zum mehrtägigen Einführungskurs in die klassische Musik.

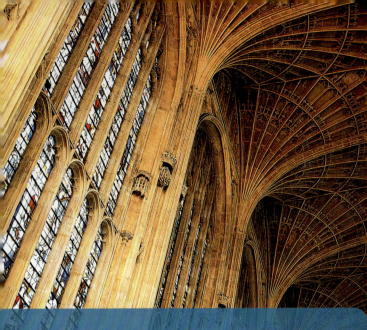

STICHWORTE

AFTERNOON TEA
„A nice cup of tea" ist für die Briten immer noch das Allheilmittel. Ob am Morgen, am Mittag, Nachmittag oder Abend, im Stress, beim Wahlkampf oder Ehestreit. Historisch lässt sich die Vorliebe für Tee statt Kaffee nicht erklären. Die ersten Kaffeehäuser wurden 1652 eröffnet. Hier schenkte man aber auch Tee aus. Bereits um 1750 war Tee jedoch eindeutig das Hauptgetränk aller Briten. *Afternoon tea,* von der Herzogin von Bedford 1780 erfunden, um die lange Pause zwischen Mittag- und Abendessen zu überbrücken, bedeutet hauchdünne, rindenlose Butterbrote mit dünnen Gurkenscheiben belegt, *crumpets* (Teekuchen), *scones* (eine Art Kuchenbrötchen) mit Marmelade, *buns* (Korinthenbrötchen) und dicke Sahne *(clotted cream)*. Und natürlich eine Tasse Tee.

BAUSTILE
Romanische Architektur wird in England meist *Norman* genannt. Die Gotik wird u. a. in *Early English* und den späten *Perpendicular-Stil,* dessen Name von der strengen Linienführung (lat. *perpendiculum* = Lot) herrührt, unterteilt. Manche Baustile und Epochen bezeichnenden Namen leiten sich aus den Regierungszeiten der jeweiligen Könige her. So werden beispielsweise Fachwerkbauten aus dem 16. Jh. als *Tudor* bezeichnet, entsprechend der gleichnamigen Dynastie, die zu dieser Zeit regierte. *Jacobean* nennt man Bauwerke aus der Regierungszeit von James I. (1603–1625). Viele Häuser

Bild: Perpendicular-Stil in der Kapelle von King's College, Cambridge

Ob Perpendicular, Bed & Breakfast, Meile oder Pint – vieles ist einmalig auf der Insel der Könige, Teetrinker und Pubbesucher

aus dem 19. Jh. sind *Victorian,* gebaut in der Herrschaftszeit von Queen Victoria.

BED & BREAKFAST

Es gibt keine bessere Möglichkeit, die Engländer kennenzulernen, als sich in einem *Bed & Breakfast* (B & B) einzumieten. In den Frühstückspensionen, die eher kleinen Hotels ähneln, werden Sie umsorgt und gut beraten. Sie erfahren die besten Wanderrouten, wo der Pub ist, den die Einheimischen bevorzugen, und auch etwas über das Leben der Leute.

Erfahrungsgemäß ist die Qualität vieler B & B höher als die von Mittelklassehotels, wenn Stilmöbel auf dem Zimmer und ein liebevoll zubereitetes Frühstück angeboten werden.

CLUBBING

Ein Phänomen, bei dem neben London auch Städte wie Manchester, Newcastle und Leeds eine führende Rolle spielen. In riesigen Diskotheken *(clubs)* mit allen technischen Spielereien findet sich das Partyvolk allwöchentlich, meist zwischen Donnerstag und Sonntag zusammen, um ausgiebig zu feiern. Wobei die Feierei in der Regel schon weit vorher in einem Pub nach Wahl beginnt und meist von nicht geringen Mengen Alkohols begleitet wird. *Binge drinking,* das Komatrinken, ist ein weiteres Phänomen, das mitunter eng mit dem Clubbing verbunden ist.

ENGLAND IN ZAHLEN

Das Land umfasst 130 395 km² und ist damit in etwa so groß wie Bayern, Baden-Württemberg, Rheinland-Pfalz und das Saarland zusammen. Zudem verfügt England über die höchste Bevölkerungsdichte in Großbritannien: Pro Quadratkilometer leben hier 380 Menschen. 2005 überstieg die Bevölkerung Englands erstmals die 50-Millionen-Marke. In Großbritannien leben ca. 60 Mio. Menschen.

ENGLISCH ODER BRITISCH?

Die Schotten wissen es: Sie haben zwar die britische Staatsangehörigkeit, fühlen sich aber als Schotten, denn seit 1707 besteht Großbritannien aus England, Schottland und Wales. Bei den Engländern wollen manche eine Identitätskrise ausgemacht haben, denn die meisten unterscheiden nicht, ob sie englisch oder britisch sind. Sie sind patriotische Briten, aber das spezifisch Englische ist schwer festzustellen. Die Begriffsverwirrung kommt Immigranten aus Asien und der Karibik zugute. Viele verstehen sich nicht als Engländer, können aber mit *britisch* etwas anfangen. Schotten und Waliser haben Teilautonomie und eigene Parlamente – eine Ungleichheit, denn das Parlament in Westminster repräsentiert alle Briten, nicht nur Engländer. Der Gedanke, für England oder englische Regionen zusätzliche Parlamente ins Leben zu rufen, fand aber bisher wenig Unterstützung. Vor allem konservative Kreise sehen die Teilautonomie mit Skepsis – und empfinden große Vorliebe für ihr gemeinsames Vereinigtes Königreich. Dazu gehört übrigens mehr als Großbritannien: Auch Nordirland ist Teil davon, daher der offizielle Staatsname: Vereinigtes Königreich von Großbritannien und Nordirland.

HECKEN

Das Erscheinungsbild der englischen Landschaft wird seit Jahrhunderten von rund 320 000 km Hecken bestimmt, die jedoch nicht immer grün sind: So machen „Hecken" aus Stein aus den Nationalparks im Norden eine wahre Patchworkdecke. Im Süden des Lands bekommt man auf den heckenumsäumten Landstraßen den Eindruck, durch einen grünen Tunnel zu fahren. Viele der Hecken stammen noch aus der Zeit der normannischen Eroberung. Damals wurde auch deren Höhe festgelegt: Sie beträgt genau die Höhe einer Mannesschulter, sodass ein Reiter die Hecke überspringen konnte. Die Bauern sind heute nicht besonders glücklich über diese Tradition, da sie extensive Feldwirtschaft praktisch unmöglich macht. Die Zahl der *hedgerows* geht deshalb trotz finanzieller Unterstützung seitens der Regierung jedes Jahr zurück.

HEINRICH VIII.

Der englische König (1491–1547) regierte erbarmungslos 38 Jahre lang. Dennoch galt er als beliebt und mit sechs Ehefrauen als Weiberheld. In Europa nannte man ihn den „Englischen Nero", sein erster Biograf bezeichnete ihn als den „gefährlichsten und brutalsten Mann der Welt". Auf seinen Befehl hin sollen 70 000 Menschen umgebracht worden sein, darunter zwei seiner Frau-

STICHWORTE

en. Heinrich verfügte zudem die Trennung von der katholischen Kirche und veranlasste die Schließung von Hunderten Klöstern. Diese von Geldgier motivierte Maßnahme führte zu immensen Verlusten von Kunstschätzen.

IMPERIALE MASSE

Maße, Gewichte und Längeneinheiten waren das Einzige, was bis vor Kurzem noch an die große Vergangenheit Englands erinnerte. Sie wurden lange entschlossen gegen die europäische Gleichmacherei verteidigt. Nichtsdestotrotz sind Unzen und Yards mittlerweile weitgehend verschwunden, und auch das Benzin wird auf der Insel inzwischen nicht mehr in Gallonen, sondern wie auf dem Kontinent in Litern gezapft. Nur die Meile und das Pint, für Milch und Bier als Maß benutzt, konnten die Engländer erfolgreich ins neue Jahrtausend hinüberretten.

KANALURLAUB

Vor 200 Jahren entstand ein Netz von Wasserwegen in fast allen Landesteilen. Mit dem Eisenbahnzeitalter begann der langsame Verfall der Kanäle, doch in den vergangenen Jahren wurden sie restauriert und für die Fortbewegung in gemütlichem Tempo entdeckt. Viele Kanäle schlängeln sich durch liebliche Landschaften. Die hübsch bemalten *narrow-*

Perspektivenwechsel: Bei einem Kanalurlaub lässt sich England von der Wasserseite aus entdecken

boats kann man ohne Bootsführerschein mieten, denn bei höchstens 8 km/h darf jeder sein eigener Kapitän sein.

KÖNIGSHAUS

Politisch gesehen hält de facto der Premierminister das Zepter in der Hand – doch England ist streng genommen nach wie vor eine Monarchie, wenn auch in konstitutioneller Form. Die Königin oder der König ist Staatsoberhaupt, übt die Hoheitsrechte aber nur noch gemäß der Vorgaben von Parlament und Regierung aus. Die Briten lieben vor allem den Glamour ihrer königlichen Familie: Die Hochzeit von Prinz William und Kate Middleton etwa versetze die Nation 2011 über Monate in Begeisterung. Bis heute trauern viele auf Schloss Althorp in Nordengland am Grab von Prinzessin Diana, die 1997 bei einem Autounfall in Paris ums Leben kam.

nungsbedürftig für einen Kontinentaleuropäer – man schaltet zwangsläufig mit links. Im Grunde gilt eine ähnliche (ungeschriebene) Regel auch für Fußgänger: Man weicht sich gewöhnlich links aus. Aufpassen sollten Fußgänger vor allem beim Überqueren von Straßen. In London sind zwar viele Fußgängerüberwege sicherheitshalber auf dem As-

Fester Bestandteil des sozialen Lebens: der Pub, wie z. B. der Royal Oak Pub in London

Sitz des Monarchen ist Buckingham Palace in London, am Wochenende reist die königliche Familie in der Regel nach Schloss Windsor, westlich der Hauptstadt. Zu den weiteren Anwesen zählen Holyrood Palace und Balmoral Castle in Schottland sowie Sandringham House in der Grafschaft Norfolk.

LINKSVERKEHR

Eine weitere Sonderrolle der Briten in Europa: Autos fahren auf der linken Seite der Straße, Lenkräder sind dementsprechend auf der rechten Seite des Fahrzeugs angebracht und – gewöh-

phalt mit Hinweisen markiert („Look left", „Look right"), doch im übrigen England ist man als Passant meist auf sich allein gestellt – insofern besser zweimal schauen, aus welcher Richtung ein Auto nahen könnte. Der Linksverkehr ist übrigens keine britische Eigenbrödelei: Schon die Römer sollen sich auf diese Weise begegnet sein (natürlich ohne Auto), und dementsprechend war diese Regelung über Jahrhunderte in Europa allgemein üblich. Erst Napoleon setzte auf dem Kontinent nach und nach den Rechtsverkehr durch. Bis nach England hat er es bekanntlich nie geschafft.

www.marcopolo.de/england

STICHWORTE

NATIONAL TRUST

Der 1895 gegründete Trust besitzt überall in England Schlösser, Burgen, Häuser, sogar ganze Küsten. Die gemeinnützige Stiftung mit über 3 Mio. Mitgliedern ist der größte private Grundbesitzer des Königreichs. Die Besonderheit: Die ehemaligen Besitzer wohnen oftmals noch auf den Anwesen. Der Grund für diese ungewohnte Nähe ist ein Gesetz aus den 1930er-Jahren. Damals beschloss das Parlament eine drastische Erhöhung der Erbschaftssteuer, wodurch es den adligen Familien sehr schwer gemacht wurde, ihre Güter zu unterhalten. Es gab für viele nur eine Möglichkeit, weiterhin in ihrem Familienanwesen zu leben: Sie schenkten ihre Häuser dem National Trust, der im Gegenzug Unterhalt und Steuern übernahm. *www.nationaltrust.org.uk*

PFERDERENNEN

Briten sind große Pferdeliebhaber, und Pferderennen ein Höhepunkt im gesellschaftlichen Kalender. Weltweit berühmt ist das im Juni stattfindende viertägige *Royal Ascot* bei London *(www.ascot.co.uk)*. Die schönste Rennstrecke ist nach Meinung vieler Experten diejenige in Goodwood in der Nähe von Chichester *(www.goodwood.co.uk)*. Die längste Tradition kann Chester aufweisen *(www.chester-races.co.uk)*. In jedem Mai werden hier die *Chester Races* ausgetragen.

PUB

Der Pub ist neben der Monarchie die wohl bekannteste britische Institution. Der sonst eher reservierte Engländer kommt ins Schwärmen, wenn er von seinem Pub erzählt. In den Städten findet man noch Pubs mit herrlicher Inneneinrichtung aus dem 19. Jh., aber oft sind es die ländlichen Gaststätten mit Reetdach und niedrigen Balken, mit Kaminfeuer im Winter und einem schönen Biergarten im Sommer, die zu einem langen Aufenthalt verführen. Die Qualität der Küche in englischen Kneipen hat sich übrigens spürbar verbessert.

Ende 2005 wurde mit einer Tradition gebrochen: Mit Einschränkungen der Öffnungszeiten, die noch während des Ersten Weltkriegs zur Steigerung der Produktivität eingeführt wurden, ist es seitdem vorbei. Jeder Pub darf eine Lizenz für den Ausschank nach der alten Sperrzeit um 23 Uhr beantragen. Seitdem ist es in den meisten Orten möglich, mindestens bis Mitternacht zu trinken. Längst passé ist die Pflicht, von 15 bis 17.30 Uhr zu schließen; die meisten Kneipen haben nun auch nachmittags geöffnet. Auch für bessere Luft wurde gesorgt, denn seit Sommer 2007 gilt ein Rauchverbot in Pubs und Restaurants.

WETTER

„Wenn sich zwei Engländer treffen, reden sie als Erstes über das Wetter", stellte schon vor über 200 Jahren der Schriftsteller Samuel Johnson fest. Die Unbeständigkeit des Wetters auf der Insel bietet den Engländern Gesprächsstoff, der unverfänglich ist und dennoch einen ersten menschlichen Kontakt herstellt. Das Wetter wird aber auch allzu gern als Vorwand für alle möglichen Unzulänglichkeiten benutzt. So kommen die Züge zu spät, weil das Laub im Herbst, Schnee im Winter oder Regen im Frühling gefallen ist. Während das Wetter sich aufgrund der Insellage ständig ändert, ist das Klima eher beständig angenehm. Es ist selten richtig heiß, es wird aber auch nicht richtig kalt. Und es regnet bei Weitem nicht so viel wie allgemein angenommen. Zwar tröpfelt es immer mal wieder, aber die Gesamtniederschlagsmenge z. B. im Londoner Raum ist geringer als die in Mailand.

ESSEN & TRINKEN

Als es Napoleon nicht gelang, die Insel einzunehmen, bezeichnete er die Briten verächtlich als eine „Nation von Ladenbesitzern". Würde der Imperator heute vorbeischauen, käme er möglicherweise zu dem Schluss, dass die Briten ein Volk von Curryhausbesitzern sind.

Nach dem Zweiten Weltkrieg kamen viele Inder als willkommene Arbeitskräfte ins Land. Dort fanden sie eine Gewürzwüste vor und importierten kurzerhand ihre heimischen Zutaten. Inzwischen ist die Insel „bekehrt". Nicht *fish & chips*, sondern *curry* wird von vielen als Lieblingsgericht angegeben: *chicken tikka masala* (Huhn in scharfer Sauce) – die Nummer eins unter den Currys – gefolgt von dem milderen *korma* (mit Kokos) und extrascharfen *vindaloo*. Trotzdem sind natürlich *fish & chips*, also paniertes Fischfilet mit Pommes, sehr beliebt, vor allem im Norden Englands, wo sich unter der Panade meist Schellfisch verbirgt. Das Angebot an Meeresfrüchten und Fisch wird immer besser. Räucherfisch, Austern aus heimischen Gewässern, Hummer und Krebsfleisch genießt man natürlich am besten in Küstennähe.

Eine andere sehr englische, genauer kornische Spezialität ist *Cornish pasty*. Es heißt, dass die Bergarbeiter die gefüllte Blätterteigpastete als Mittagessen in das Bergwerk mitnahmen, doch lediglich die Füllung aßen und den Teig als Dank für die Zwerge unter Tage liegen ließen. Früher wurde vor allem roher Fisch eingebacken, heute werden über 20 verschiedene Variationen verkauft,

Bild: Fish & Chips

Chicken Tikka Masala contra Fish & Chips – kulinarische Einflüsse aus aller Welt und junge Köche revolutionierten Englands Küche

meistens ist Fleisch mit Kartoffeln und Gemüse in der Pastete.

Hatten die Briten mit ihrer Küche viele Jahre hindurch wenig zu bieten, haben sie jedoch bei den Nachtischen immer einen hervorragenden Standard gehalten: bei den *puddings*. Die Bezeichnung *pudding* hat übrigens nichts mit dem deutschen Pudding zu tun, sondern ist eher ein Sammelbegriff für auflauffähnliche Nachspeisen.

Mittlerweile wird es sich herumgesprochen haben, dass die lange kränkelnde englische Küche in den vergangenen Jahren revolutioniert wurde. Die Gastronomie in London kann es inzwischen leicht mit der in New York und Paris aufnehmen. Die britische Hauptstadt zählt allein rund 50 Sternerestaurants, und die Rezepte von englischen Starköchen wie Jamie Oliver und Gordon Ramsey kennt inzwischen die halbe Welt. Doch nicht nur in London gibt es Restaurants auf hohem Niveau, kulinarisch verwöhnt wird man auch in Manchester, Liverpool oder in kleinen Orten wie Padstow.

SPEZIALITÄTEN

▶ **Bread and butter pudding** – Nachtisch auf der Basis von eingeweichtem Brot, das mit Vanillepudding und Rosinen vermischt gebacken wird
▶ **Cream tea** – eine britische Institution. Die *clotted cream* (dicke Sahne) wird nicht, wie von manchen angenommen, in den Tee getan, sondern auf die *scones* (Kuchenbrötchen) gestrichen und mit Konfitüre gekrönt (Foto li.)
▶ **Crumbles** – Früchte, meist Äpfel, Beeren oder Rhabarber, mit Streuseln belegt und im Ofen gebacken, mit Sahne oder Vanilleeis serviert
▶ **English breakfast** – Gestartet wird mit Cornflakes, Joghurt und Obst. Danach isst man zusammen mit einem Toast *bacon* (gebratenen Schinkenspeck), *baked beans* (weiße Bohnen, meistens mit Tomatensauce), *black pudding* (gebratene Blutwurst), *grilled tomato* (gegrillte Tomate), *fried eggs* (Spiegelei), *mushrooms* (gegrillte Champignons), *sausages* (gebratene Würstchen) und *scrambled eggs* (Rührei). Anschließend gibt es einen weiteren Toast mit *jam* (Marmelade) und *marmalade* (Konfitüre aus Zitrusfrüchten), außerdem viel Tee – immer öfter auch guten Kaffee.
▶ **Fish & chips** – Frisches Fischfilet (meist Schellfisch) in Bierteig gebacken, dazu Pommes frites – beides wird traditionell mit Malzessig übergossen und mit Salz bestreut. Dazu werden dicke Gartenerbsen gegessen.
▶ **Jacket potatoes** – große Ofenkartoffeln, gefüllt mit Thunfisch und Mayonnaise, *coleslaw* (Krautsalat in Mayonnaise) oder Fleischsaucen
▶ **Roast with mint sauce and Yorkshire pudding** – Traditionelles Sonntagsessen. Es kann Rinder-, Schweine- oder Lammbraten sein. Zum Lamm wird eine Sauce aus frisch gehackten Minzblättern und Essig gereicht.
▶ **Shepherd's pie** – Lammhack in Sauce mit Kartoffelbrei überbacken (Foto re.)
▶ **Steak and kidney pie** – Pastete gefüllt mit Steakscheiben und Nierchen in Bratensauce
▶ **Summer pudding** – Eine Schüssel wird mit in Saft getränktem Brot ausgelegt. Darauf kommen Beeren und Sahne.

ESSEN & TRINKEN

Gut und authentisch ist die ethnische Küche dort, wo Einwanderer leben, d. h. vor allem in den Großstädten. Alle Länder sind in England vertreten – von Afghanistan bis Vietnam. Um sicherzugehen, gute Küche zu bekommen – denn bis zum allerletzten Ort ist die kulinarische Revolution natürlich noch nicht vorgedrungen –, sollten Sie sich den *Good Food Guide England* kaufen. Und noch eins: Obwohl es allein in London 8000 Restaurants geben soll, empfiehlt es sich, den Tisch für den Abend telefonisch zu reservieren. Zudem sind die Öffnungszeiten der Restaurants sehr individuell. Es ist insofern ratsam, vorher anzurufen. Viele der besseren Lokale haben sonntags und montags geschlossen. Außerhalb der Großstädte, vor allem sonntags, stellen Gaststätten oft überraschend früh die Stühle hoch. Man sollte sich bis 20 Uhr einen Tisch gesichert haben. Mittags werden oft nach 14 Uhr keine Bestellungen mehr angenommen.

Die Restaurantpreise sind auf der Insel hoch. Es gibt jedoch einige Möglichkeiten, die Rechnung niedriger zu halten: Meist liegen die Mittagspreise weit unter denen am Abend. Auch werden dann Menüs angeboten, die wesentlich billiger sind, als à la carte zu essen.

Die Speisekarte *(menu)* ist normalerweise in kalte und warme Vorspeisen *(starters),* Hauptgerichte *(main dishes)* und Nachspeisen *(desserts)* unterteilt. Das ist einfach. Nicht so einfach ist es manchmal auszurechnen, was Sie letztendlich zahlen werden. In manchen Restaurants müssen Sie zusätzlich zum eigentlichen Preis die Mehrwertsteuer von 20 Prozent einrechnen, in anderen wird pro Rechnung *(bill)* eine *service charge* von 12,5 Prozent hinzugezählt. In diesem Fall brauchen Sie kein Trinkgeld mehr aufzuschlagen, das sich normalerweise zwischen 10 und 15 Prozent bewegt. Auch in den Pubs wird kein Trinkgeld gegeben. Der Kunde holt sich dort alles am Tresen. Noch ein Wort zum Bier. Ausgeschenkt wird es in *pints* (0,568 l), wobei sich diese Angabe meist auf das Fassungsvermögen des Glases bezieht. Was bedeutet, dass die Gläser auch bis zum Rand voll geschenkt werden – man bezahlt schließlich für ein Pint. Wem das zu viel ist, der

Englisches Bier: immer randvoll gefüllt, zu ½ Pint oder 1 Pint

bestellt ein halbes Pint *(half* oder *glas).* Bier wird unterschieden in *lager* (Helles) und *bitter* (Dunkles). Ein stärkeres Dunkelbier heißt *stout* – unter dem Markennamen „Guinness" kennt es die halbe Welt. Mindestens je eine gezapfte Sorte Lager, Bitter und Stout gibt es in fast jedem Pub. In vielen Orten wird zudem *real ale* – das wahre Bier – verkauft, das kaum mit Kohlensäure versetzt ist, sodass es per Handpumpe – oft bei Raumtemperatur – gezapft wird.

EINKAUFEN

ANTIQUITÄTEN

Für Liebhaber von Antiquitäten ist England eine besonders gute Adresse. Die Engländer selbst investieren ihr Geld vor allem in Möbel und Uhren. Touristen werden sich eher nach silbernen Gegenständen, etwa Kannen, Zuckerdöschen, Bilderrahmen oder Besteck, umschauen. Auch das Porzellan der berühmten Manufakturen Doulton, Spode oder Wedgwood ist eine stilvolle Erinnerung an den Urlaub.

GARTENCENTER

Engländer lieben ihre Gärten. Entsprechend gut ist das Angebot an Pflanzen, Samen und Produkten rund um den Garten in den vielen *garden centres*.

GIFT SHOPS

Auffällig beim Sightseeing sind die vielen *gift shops*, die Souvenirläden: keine Kathedrale, keine Burg, kein Herrensitz ohne Geschenkladen, wo es neben buntem Nippes auch gute Kleidungsstücke (Schlipse, T-Shirts), Bücher, Glas, Geschirr und leckere Mitbringsel wie Marmelade oder Chutney gibt.

KÄSE

Besonders stolz sind die Engländer auf ihre Käsekultur. Eine enorm große Auswahl gibt es bei *Fortnum & Mason* in London. Bekannt sind auch *Neil's Yard Dairy* in Covent Garden, *Paxton and Whitfield* in der Jermyn Street in der Hauptstadt sowie die Läden im westlichen Cheddar, wo der berühmte Cheddarkäse mit seiner charakteristischen goldgelben bis orangen Farbe zu Hause ist. Viele halten den Blauschimmelkäse Stilton aus Ostengland für die edelste Sorte.

KOSMETIKA

Namen wie *Crabtree & Evelyn* stehen für Badesalze, Lavendelseifen und Potpourris. Seit einigen Jahren sind die Naturprodukte der Firma 🌿 *Lush* aus Poole der Renner, u.a. Linsenshampoo und Mandelbuttercreme. Edel sind die Produkte der traditionellen britischen Firma *Molton Brown,* die allerdings inzwischen zu einem japanischen Konzern gehört.

MODE

Modern und kreativ gestaltete Modegeschäfte rangieren ganz vorn in der Gunst

Die neuesten Modekreationen finden Sie ebenso auf der Insel wie feines Silber und überraschend gute Lebensmittel

der Kunden. Es gibt nicht einen berühmten Designer, der nicht in der Londoner Sloane Street, Bond Street oder in der immer begehrteren Conduit Street vertreten ist. Auch wer das Kleingeld für bekannte Label nicht hat, muss darauf nicht verzichten. Secondhandshops für Designerwaren und die Basare in London (Camden und Bermondsey Market), die Lanes in Brighton, die Märkte in Bath und Chipping Norton in den Cotswolds sind ergiebig. Ausgefallene Mode für Junge und Mutige ist in den Großstädten zu finden, beispielsweise im Northern Quarter von Manchester und um Spitalfields Market und Brick Lane im Osten von London.

Noch nie aus der Mode gekommen sind bis jetzt die berühmten wetterfesten Barbourjacken. Es gibt sie in den Kaufhäusern *John Lewis* oder *Debenham*. Als feinstes Kaufhaus gilt *Harvey Nichols*. Das Haupthaus befindet sich in London, Filialen wurden u. a. in Leeds und Manchester eröffnet. Ein überwältigendes Angebot in vielen Preislagen hat das zweitgrößte Kaufhaus der Insel (nach dem Konsumtempel *Harrods*): *Selfridges* in der Londoner Oxford Street.

SECONDHANDSHOPS

Hier gibt es Kleidung, Porzellan, Bücher, CDs und DVDs zu Schnäppchenpreisen – und wenn man nichts findet, dann bringt das Stöbern echte Einblicke in die Gewohnheiten und Vorlieben der Engländer.

SPEZIALITÄTEN

Die großen Supermärkte haben viele Lebensmittelgeschäfte und Wochenmärkte verdrängt, doch gibt es eine Gegenbewegung: Feine Delikatessenläden verkaufen Spezialitäten der Gegend. Selbstversorger sollten nach den *farmer's markets* Ausschau halten, wo ein- oder zweimal im Monat Produkte aus der unmittelbaren Umgebung von den Erzeugern selbst verkauft werden.

DIE PERFEKTE ROUTE

DAS TOR ENGLANDS

Dover stellt für viele Englandreisende den ersten Kontakt mit Großbritannien dar, und ❶ *Dover Castle* → S. 84 bietet die richtige Einstimmung auf die geschichtsträchtige Insel. Auf dem Weg liegt ein Stopp in ❷ *Canterbury* → S. 83 nahe. Die mittelalterliche Stadt ist berühmt für ihre Kathedrale. In ❸ *London* → S. 85 gibt es unendlich viel zu entdecken – am besten, Sie schließen Bekanntschaft mit der Millionenmetropole bei einem Spaziergang am Südufer der Themse zwischen dem Parlament von Westminster und der Tower Bridge. Auf dem Weg nach Norden sollten sie unbedingt in ❹ *Cambridge* → S. 67 haltmachen und sich im *punting* probieren.

MODERNE UND MITTELALTER

Die nächste Station ist ❺ *Leeds* → S. 37, das sich zu einer bedeutenden Großstadt gemausert hat, in der es sich wunderbar einkaufen und ausgehen lässt. Nicht minder frequentiert ist ❻ *York* → S. 48, das viel mittelalterliche Bausubstanz bewahren konnte. Idyllisch wird es hier am Abend, wenn die Tagestouristen gegangen sind.

DIE GRENZE ZU SCHOTTLAND

Es geht weiter in Richtung Norden bis nach ❼ *Newcastle* → S. 44, wo Sie den Lunch im ältesten Speisesaal Englands einnehmen können. Wer sich der Stadt über die A1 oder die A67 nähert, kommt an der beeindruckenden Statue „Angel of the North" vorbei. Auf der A69 und B6318 geht es nach Westen. Die beiden Straßen folgen in etwa dem Verlauf der ❽ *Hadrian's Wall* → S. 46, des alten römischen Grenzfestigungssystems. Die Route führt weiter nach Süden durch die Bilderbuchlandschaft des ❾ *Lake District* → S. 36 (Foto o.). Keswick ist ein guter Standort, um die Region bei Wanderungen zu entdecken.

DAS ALTE INDUSTRIEZENTRUM

In ❿ *Manchester* → S. 41 warten spektakuläre Bauten im ehemaligen Binnenhafen auf Architektur- und ein Besuch des legendären Old-Trafford-Stadions auf Fußballfans. Gleich nebenan liegt mit ⓫ *Liverpool* → S. 38 eine weitere alte Industriestadt, deren Hafen bereits vor Jahren aufwendig saniert wurde. Ein Besuch des Cavern Clubs ist Pflicht – hier haben einst die Beatles gespielt.

www.marcopolo.de/england

Erleben Sie die vielfältigen Facetten Englands auf einer abwechslungsreichen Rundtour durch trubelige Städte und idyllische Landstriche

UNIVERSITÄTSSTÄDTE UND EIN ANTIKES THERMALBAD

In ⑫ *Oxford* → S. 58 (Foto u.), der nach Cambridge zweitbedeutendsten Universitätsstadt Englands und britischen Eliteschmiede, besuchen Sie das Christ Church College, bevor es weitergeht nach ⑬ *Bristol* → S. 80. Die größte Stadt des Südwestens hat es verstanden, das alte Hafengelände in ein Kultur- und Partyviertel umzuwandeln. Gleich nebenan liegt mit ⑭ *Bath* → S. 78 ein Weltkulturerbe: Schon die Römer kamen wegen der Thermalquellen hierher. Bei schönem Wetter bietet sich eine Radtour an – zwischen Bristol und Bath verläuft auf gut 20 km der idyllische Railway Path.

VOM ROMANTISCHEN CORNWALL IN BRIGHTONS SEEBADTRUBEL

Die Route führt sie nun durch ⑮ *Cornwall* → S. 78: Folgen Sie den romantischen Straßen im Exmoor und Dartmoor, die durch Gebiete führen, die die perfekte Kulisse für Rosamunde-Pilcher-Verfilmungen bieten. Porlock z. B. ist ein hübscher Ort für eine Pause, über Exeter und Plymouth, gut geeignet als Stationen für Tagesausflüge, fahren Sie weiter in die Kathedralenstadt Salisbury. Der Weg dorthin führt am prähistorischen Steinkreis von ⑯ *Stonehenge* → S. 81 vorbei. Im Sommer ist diese Attraktion tagsüber hoffnungslos überlaufen, wenn Sie morgens oder abends kommen, jedoch ein Erlebnis. ⑰ *Brighton* → S. 82 bietet sich für einen letzten größeren Stopp an, um die Tour entspannt ausklingen zu lassen. Das alte Seebad ist ein beliebtes Ausflugsziel der Londoner. Schlendern Sie einmal über die berühmte Seebrücke, bevor es zurück zu den legendären Kreidefelsen von Dover geht.

2280 km. Reine Fahrzeit: 30 Stunden. Empfohlene Reisedauer: 3 Wochen. Detaillierter Routenverlauf auf dem hinteren Umschlag, im Reiseatlas sowie in der Faltkarte

DER NORDEN

Der Norden Englands ist weltweit bekannt: als Wiege der industriellen Revolution, als Geburtsort der Eisenbahn, als Heimat der Beatles und berühmter Fußballclubs wie Manchester United.

Vor allem aber die Natur, eine Mischung aus spektakulären Landschaften und phantastischer Küste, zieht viele Besucher an. Der Landstrich mit dem malerischen Lake District, den verlassenen Moorlandschaften der Pennines, zerklüfteten Küsten mit zahlreichen Burgen und Klosterruinen hat eine Unmenge zu bieten. Fünf Nationalparks machen den Norden Englands zudem zur perfekten Destination für einen gelungenen Outdoor-Urlaub. Die einstigen Industriezentren sind heute lebendige Städte. Musik und Kultur, Shopping und Partys bestimmen die Szene in Manchester, Liverpool, Leeds und Newcastle, sodass sich auch urbane Typen im Norden nicht verloren fühlen. Doch auch wenn die Zeit rauchender Fabrikschlote lange vorbei ist, hat der Norden seine Vergangenheit nicht einfach begraben. Die Region präsentiert ihr industrielles Erbe in vielen anschaulich gestalteten Museen und Freilichtparks: Quarry Bank Mill bei Manchester beispielsweise zeigt mit der Maschinerie einer 200 Jahre alten Textilfabrik die Geschichte dieser Industrie und der Arbeitsverhältnisse dort *(www.quarrybankmill.org.uk)*. Und im 120 ha großen Open-Air-Museum in Beamish wird das Leben um 1913 detailgetreu wiedergegeben. Zum erlebbaren Erbe gehören auch ehrwürdige Domstädte

Bild: Lake District, Ambleside, Kirkstone Pass

Der Norden hat viel zu bieten: Naturlandschaften, Burgen und hippe Szenetreffs in einstigen Industriezentren

wie York und Durham mit ihren herrlichen Kathedralen und historischen Stadtkernen sowie traditionsreiche Badeorte wie Whitby, die ein eigenes Flair besitzen.

DURHAM

(139 E5) *(ΔΔ L5)* **Beeindruckend ist die Lage der Kathedrale von Durham (83 000 Ew.) auf einer felsigen, fast vollständig vom Fluss Wear umschlossenen Halbinsel.**

Hier bauten Mönche aus Lindisfarne, durch Übergriffe der Wikinger von ihrem Inselkloster vertrieben, im Jahr 995 eine sichere Ruhestätte für die Gebeine des hl. Cuthbert. Auch Wilhelm der Eroberer war von diesem Ort begeistert. Er war ein idealer Standort für die Herrschaft über Northumberland und ein gutes Bollwerk gegen die Schotten. Wilhelm ließ deshalb 1071 auf dem Felsen eine Burg erbauen, die gemeinsam mit der später (1093) errichteten Kathedrale heute zum Weltkulturerbe gehört. Die Studenten

DURHAM

der Universität – nach Oxford und Cambridge die älteste des Lands – sorgen dafür, dass die Stadt nicht nur vom Tourismus geprägt ist, sondern ein attraktives Eigenleben bewahrt. Spaziergänge und Ruderpartien am River Wear sind eine beliebte Sommerbeschäftigung.

KATHEDRALE ★
Die Kathedrale von Durham ist nicht nur die besterhaltene und größte normannische Kirche Englands, es gibt hier auch viel zu sehen: Gleich am Nordwestportal hängt ein Türklopfer in Form eines großen Löwenkopfs. Schafften es Kriminelle

Castle statt Campus – Studenten in Durham büffeln in der fast 1000 Jahre alten Burg

SEHENSWERTES

BURG
Weit weg von London hatten die Fürstbischöfe besonders viel Macht. Die Burg diente ihnen bis 1832 als Palast, von hier aus regierten sie das Land wie Könige. Im 19. Jh. wurde die Universität von Durham gegründet, und Durham Castle wurde das erste College. Auch heute wohnen hier Studenten; sie sind zum Abendessen in der Great Hall (1284) anzutreffen. *Führungen tgl., Zeiten variieren | Tel. Infos u. Tickets beim Pförtner und unter 0191 3 34 38 00 | Eintritt £ 5 | www.dur.ac.uk*

im 12. Jh., diesen zu erreichen, erteilten ihnen die Benediktinermönche Asyl. Der Original-Türklopfer wird heute im Domschatz aufbewahrt, wo sich auch der Sarg des hl. Cuthberts befindet. Wem der Kreuzgang ein Déjà-vu-Erlebnis beschert, dem sei verraten, dass hier Szenen für einige der Harry-Potter-Filme gedreht wurden. Nicht verpassen: **INSIDER TIPP** Der Knabenchor der Kathedralschule singt während des Abendgottesdiensts *(Di–Sa 17.15, So 15.30 Uhr). Mo–Sa 9.30–18, So 12.30–17.30 Uhr | Eintritt frei, Spende erbeten, Turmbesteigung £ 5 | www.durhamcathedral.co.uk*

DER NORDEN

ESSEN & TRINKEN

THE ALMSHOUSES
Mittelalterliches Haus, moderne Küche. Alles sehr lecker: von Mohrrübenkuchen bis zu französisch angehauchten Gerichten. *Palace Green | Tel. 0191 3 34 36 88 | €*

HIDE CAFÉ BAR
Beliebtes Lokal mit guter Stimmung, für Frühstück und Abendessen gleichermaßen empfehlenswert. Geboten wird französische und Mittelmeerküche. *39 Saddler Street | Tel. 0191 3 84 19 99 | €–€€*

EINKAUFEN

DURHAM INDOOR MARKET
Großer Markt mit Essen und Kleinkram, der immer wieder zu einem der schönsten im Land gewählt wird. Insgesamt rund 50 örtliche Händler sind in dem hübschen viktorianischen Gebäude untergebracht, außerdem ein gemütliches Café. *Mo–Sa 9–17 Uhr | Market Place | www.durhammarkets.co.uk*

ÜBERNACHTEN

60 ALBERT STREET
Ruhig gelegenes B & B in Bahnhofsnähe. Gutes Frühstück, drei komfortable Zimmer. *Western Hill | Tel. 0191 3 86 06 08 | www.sixtyalbertstreet.co.uk | €*

INSIDER TIPP THE CASTLE
Nächtigen wie einst die Bischöfe in der Bishop's oder Chaplain Suite. Umgeben von antiken Möbeln und beim englischen Frühstück, das vom *porter* serviert wird, fühlt man sich um Jahrhunderte zurückversetzt *(2 Zi. | Palace Green | Tel. 0191 3 34 41 06 | €€€)*. Bescheidener und billiger ist die Übernachtung in einem der 160 Studentenzimmer *(40 DZ, 120 EZ | Tel. 0191 3 34 41 06 | www.durhamcastle.com | €–€€)*.

AUSKUNFT

TOURIST INFORMATION CENTRE (TIC)
Millennium Place | Tel. 0191 3 84 37 20 | www.durhamtourism.co.uk

MARCO POLO HIGHLIGHTS

★ **Kathedrale**
Keine Kathedrale in England liegt schöner als die von Durham, die auch innen sehenswert ist → S. 34

★ **Beatles-Tour**
Clubs, Pubs, Plattenläden: Fans der Fab Four können in Liverpool unter sachkundiger Führung auf den Spuren ihrer Idole wandeln → S. 39

★ **Hadrian's Wall**
Eindrucksvolle Überreste des größten römischen Monuments auf britischem Boden, das einst als Schutzwall vor den Einflüssen der Barbaren fungierte → S. 46

★ **Holy Island – Lindisfarne**
Heilige Insel, die nur bei Ebbe zu erreichen ist und von der sich das Christentum über Nordengland bis nach Deutschland verbreitete → S. 47

★ **National Railway Museum**
Die schnellste Dampflok der Welt und über einhundert alte Loks mehr zeigt das Museum in York – ein Muss für Eisenbahnfreaks → S. 48

★ **Fountains Abbey**
Die romantische Klosterruine aus dem 12. Jh. in einem pittoresken Landschaftsgarten zählt zum Unesco-Weltkulturerbe → S. 49

LAKE DISTRICT

LAKE DISTRICT

(135 D–E 1–2) (m G–H 6–7) **Viele Engländer meinen, dass der Lake District der schönste Teil des Lands ist. Mit seinen 16 großen Seen, Wasserfällen sowie gewundenen Straßen, die an Dörfern mit blumengeschmückten Steincottages und Schieferhäusern entlangführen,**

ORTE IM LAKE DISTRICT

BOWNESS-ON-WINDERMERE
(135 E2) (m H6)

Bowness-on-Windermere (8300 Ew.) liegt direkt am Windermere, dem größten See Englands. Auf einer 40-minütigen Seerundfahrt (£ 5,25) bekommen Sie einen Überblick über das Gewässer, die vielen kleinen Inseln und lauschigen Buchten. Im Ort selbst werden in *The World of Beatrix Potter* die Geschichten

Naturerlebnis im Lake District, dem größten Nationalpark Englands: Crummock Water

zeigt der größte Nationalpark Englands die Insellandschaft von ihrer lieblichen und von ihrer schroffen Seite.

In die nur 42 × 50 km große Seenlandschaft zieht es allsommerlich viele Touristen. Doch wenn Sie die Wochenenden und die Hauptstraßen meiden, können Sie durch Berge *(fells)* und saftige grüne Täler auch heute „einsam wie eine Wolke" wandern, genau so, wie es der Romantiker und Hofdichter William Wordsworth (1770–1850) einst beschrieb *(www.lakedistrict.gov.uk, www.golakes.co.uk)*.

der berühmten britischen Kinderbuchautorin Beatrix Potter (1886–1943) in einer nachgebauten Lakelandschaft lebendig *(The Old Laundry | tgl. 10–17.30, Okt.–März bis 16.30 Uhr | Crag Brow | Eintritt £ 6,75 | www.hop-skip-jump.com)*. In *Windermere* gibt es zahlreiche Unterkünfte, z. B. *Linthwaite House*. Es gilt als eines der romantischsten Hotels Englands *(26 Zi. | Crook Road | Tel. 015394 8 86 00 | www.linthwaite.com | €€€)*. Außerdem: *The Archway*, viktorianisches Haus mit gutem Frühstück, nahe am See *(4 Zi. | 13*

DER NORDEN

College Road | Tel. 015394 4 56 13 | www.archwaywindermere.co.uk | €). Auskunft: TIC | Glebe Road | Tel. 015394 4 28 95

GRASMERE (135 E1) (*M H6*)
Grasmere (2700 Ew.) ist ein Bilderbuchdorf mit vielen kleinen Cafés und Pensionen. Der Dichter William Wordsworth ist hier allgegenwärtig. *Dove Cottage* widmet sich mit vielen Erinnerungsstücken dem Leben des Poeten *(tgl. 9.30–17.30, Nov.–Feb. bis 16 Uhr | Eintritt £ 7,50)*, auf dem Friedhof der Kirche St. Oswald's ist er begraben. Putzig ist der *Gingerbread Shop*. Seit 1854 wird in dem kleinen Gebäude aus dem Jahr 1660 englischer Pfefferkuchen verkauft.

KESWICK (135 D1) (*M H6*)
Keswick (5000 Ew.) ist eine hübsche Marktstadt mit guten Pubs und Teehäusern. Kehren Sie im *Twa Dogs* ein, das nach einem Gedicht des schottischen Nationaldichters Robert Burns benannt wurde. Interessant das *Bleistiftmuseum (Pencil Museum | tgl. 9.30–17 Uhr | Eintritt £ 3,75 | www.pencilmuseum.co.uk)*. Grafit wurde seit dem 16. Jh. in den hiesigen Bergwerken abgebaut und zur Herstellung von Bleistiften verwendet. Keswick ist ein idealer Ausgangspunkt, um den ruhigeren nördlichen Teil des Nationalparks zu erkunden. Die schönste Route führt südlich am Derwent Water und durch Borrowdale über den Honister Pass zum kleinen See *Buttermere*. Der 5000 Jahre alte Steinkreis *Castlerigg Stone Circle* liegt wunderschön zwischen den Bergen (3 km östlich, abseits der A 66). Perfekt renovierte und bequeme Unterkunft in altem Gemäuer, schön gelegen, einige Kilometer außerhalb: *Cottage in the Wood (9 Zi. | Braithwaite | Tel. 017687 7 84 09 | www.thecottageinthewood.co.uk | €€)*.

LEEDS

(136 B4) (*M K–L8*) **Leeds (455 000 Ew.) hat sich in den vergangenen Jahren stark gewandelt, nach London ist es zurzeit das größte Finanzzentrum des Lands, was im Stadtbild nicht zu übersehen ist.**

In der *New Market Street* bieten in der ehemaligen Getreidebörse (Corn-Exchange) international bekannte Designer ihre Kreationen an. Und das Londoner Nobelkaufhaus Harvey Nichols hat hier eine Dependance. Designbewusste zieht das Kaufhaus Flannels an, schön sind die historischen Einkaufspassagen am *Briggate* und die Markthalle *Kirkgate Market*. Die vielen Clubs haben dazu beigetragen, den Ruf von Leeds als Partystadt zu etablieren.

SEHENSWERTES

HAREWOOD HOUSE
Eines der großen Herrenhäuser des Lands, das ab 1759 erbaut wurde und noch im Besitz des Grafen von Harewood ist. Erlesene Möblierung und Gemälde, großer Landschaftspark. *Ostern–Okt. tgl. 12–16 Uhr, Park ganzjährig 10–16 Uhr | 12 km nördlich der Stadtmitte | Eintritt £ 14 | www.harewood.org*

LEEDS INDUSTRIAL MUSEUM
In Armley Mills am Fluss Aire, der ehemals größten Fabrik der Welt für Wolltuch, zeigt die Stadt ihre industrielle Vergangenheit. Innen gibt es alte Maschinen zu sehen, in einem restaurierten Kino werden Filme gezeigt. Sehenswert ist der gesamte Gebäudekomplex aber auch schon von außen: klassische Industriearchitektur aus dem 19. Jh. *Di–Sa 10–17, So 13–17 Uhr | Canal Road | Eintritt £ 3,30 | www.leeds.gov.uk/armleymills*

LIVERPOOL

ROYAL ARMOURIES MUSEUM
Nationales Waffenmuseum mit einer Ausstellung zur 3000-jährigen Geschichte von Waffen und Rüstungen. Vorführungen, Events in historischen Kostümen und spektakuläre Exponate, die im überfüllten Tower of London keinen Platz mehr fanden. *Tgl. 10–17 Uhr | Clarence Dock | Waterfront | Eintritt frei | www.royalarmouries.org*

ESSEN & TRINKEN

ANTHONY'S RESTAURANT
Gastronomiekritiker preisen Anthony Flinn als besten jungen Koch des Lands. Auf der Karte steht anglo-französische Küche mit Steak, Geflügel und vegetarischen Gerichten. *19 Boar Lane | Tel. 0113 2 45 59 22 | mittags €€, abends €€€.*

AM ABEND

Das Nachtleben findet vor allem in den Clubs statt, wie *Oceana (16–18 Woodhouse Lane)* und *Chilli White (Assembly Street)*, in denen Funk und Soul, Hip-Hop, Hard House und Garage geboten werden. Angesagt und gut für Cocktails: *Mojo (18 Merrion St.)*.

ÜBERNACHTEN

42 THE CALLS
Eine zum Hotel umgebaute viktorianische Getreidemühle. Luxuriös, direkt am Fluss mit einem guten Restaurant *(€€)*. *41 Zi. | 42 The Calls | Tel. 0113 2 44 00 99 | www.42thecalls.co.uk | €€€*

WILLOW COTTAGE
Kleines, sehr schick eingerichtetes B & B in einem denkmalgeschützten Haus nahe Leeds. *4 Zi. | Ivegate, Yeadon | Tel. 0113 2 50 11 89 | www.willowcottage.org.uk | €*

AUSKUNFT

TOURIST INFORMATION CENTRE (TIC)
Bahnhof Leeds | Tel. 0113 2 42 52 42 | www.visitleeds.co.uk

ZIEL IN DER UMGEBUNG

INSIDER TIPP SALTAIRE (136 B4) (*K8*)
Inspiriert von den utopischen Sozialisten, baute Sir Titus Salt, seinerzeit einer der reichsten Tuchfabrikanten der Region, im 19. Jh. einen Musterort für seine Arbeiter: aus hellem Sandstein mit Gärten, Kirchen, jedoch ohne Pubs. In Salts Mill, den ehemaligen Webereien, 25 km nordwestlich von Leeds (Vorort von Bradford) lockt heute die größte ständige *David-Hockney-Ausstellung (tgl. 10–18 Uhr | Eintritt frei)*. Hockney, 1937 im nahe gelegenen Bradford geboren, gilt als einer der berühmtesten englischen Maler. Die Fabrik beherbergt auch Restaurants und einige schicke Geschäfte. *Victoria Road | Tel. 01274 53 11 63 | www.saltsmill.org.uk*

LIVERPOOL

(135 E5–6) (*G–H 9–10*) Liverpool (510 000 Ew.) ist der heilige Ort aller Beatles-Pilger. John, Paul, George und

---

CITY WOHIN ZUERST?
An den Hafen! Das **Albert Dock** ist ein guter Ort, um ein bisschen maritimes Flair zu schnuppern. Gleich daneben bietet **Pier Head** mit dem markanten Royal Liver Building beste Fotomotive. Fahren Sie ab Bahnhof James Street per Bus (C1–C5) bis Albert Dock oder Mersey Ferries. Parkhaus: Liverpool One (35 Strand Street).

DER NORDEN

Ringo kommen aus der Stadt am Mersey. **Hier befindet sich die Penny Lane, steht die Statue der einsamen Eleanor Rigby, gab es das Kinderheim Strawberry Fields.**

Mit Blick auf die Wahl Liverpools zur europäischen Kulturhauptstadt 2008 wurde viel getan, um das Hafenviertel und die Innenstadt herauszuputzen. Sehenswert sind außerdem die beiden im 20. Jh. gebauten Kathedralen, die römisch-katholische ein innovatives Betonzelt mit schönen Glasmalereien, die anglikanische konservativ neugotisch, imposant mit hohem Turm.

SEHENSWERTES

ALBERT DOCK

Die ehemaligen Lagerhäuser aus dem 19. Jh. sind heute ein attraktives Freizeitviertel. In der Hafenanlage aus Backstein und Gusseisen befinden sich die Ausstellung *The Beatles Story (www.beatlesstory.com)*, das *Maritime Museum (www.liverpoolmuseums.org.uk/maritime)* mit Originalteilen der Titanic und faszinierenden Geschichten zu Zoll, Seefahrt und Seehandel, ein *Museum zur Geschichte der Sklaverei (International Slavery Museum | www.liverpoolmuseums.org.uk/ism),* auf deren Grundlage Liverpool zu Reichtum gekommen ist, sowie die *Tate Liverpool* eine Außenstelle der Londoner *Tate Modern* mit moderner Kunst *(www.tate.org.uk/liverpool).* Außerdem Geschäfte, Restaurants und Bars, die auch abends geöffnet sind. *Museen tgl. 10–17 Uhr, nur Tate Liverpool Mo geschl. | alle Museen kostenlos außer „The Beatles Story", Eintritt £ 15,95 | www.albertdock.com*

ANFIELD STADIUM

Die 1884 eröffnete Arena des heutigen Liverpool FC ist Pilgerstätte für Fußballfans aus aller Welt. Ein Museum widmet sich dem Stadion und vor allem seinen Sportlern. In Führungen werden nicht nur die Tribüne, sondern auch die Räume hinter den Kulissen gezeigt. *Tgl. 10–17 Uhr (Führungen bis 15 Uhr, nicht an Heimspieltagen) | Anfield Road | Eintritt £ 15 | Tel. 0151 2 60 66 77 | www.liverpoolfc.tv*

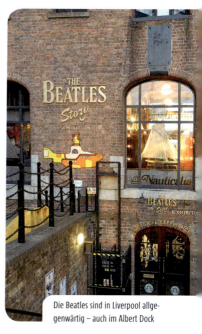

Die Beatles sind in Liverpool allgegenwärtig – auch im Albert Dock

BEATLES-TOUR ⭐ •

Von besonderer Bedeutung für die Karriere der Beatles ist eine Haltestelle der *Magical Mystery Tour (tgl. 14.30, Sa, So auch 12 Uhr | Visitor Information Centre/Albert Dock | £ 15,95 | Tel. 0151 2 33 24 59)* – der Jacaranda-Club. Im Sommer 1960 spielten die Beatles hier zum ersten Mal öffentlich. Das Lokal ist jetzt eine stimmungsvolle Bar *(21 Slater Street | Tel. 0151 7 07 82 81).* In der Mathew Street gibt es interessante Plattenläden, Pubs und den originalgetreu wiederaufge-

LIVERPOOL

bauten *Cavern Club (Tel. 0151 2 36 19 65 | www.cavernclub.org)*, in dem die Fab Four 294-mal aufgetreten sind. Gleich daneben wurde das schicke *Hard Days Night Hotel* eröffnet, eine Hommage an die unvergessenen Musiker *(110 Zi. | North John Street | Tel. 0151 2 36 19 64 |*

Unterkunft der Wahl für echte Beatles-Fans: das Hard Days Night Hotel

www.harddaysnighthotel.com | €€€). In den Vororten können Fans die Häuser besuchen, in denen John Lennon und Paul McCartney aufwuchsen *(nur nach Voranmeldung: März–Nov. Mi–So | Tel. 0151 714 27 72 31 | www.nationaltrust.org.uk)*.

MERSEY FERRIES
An den Piers, wo einst für Auswanderer die Überfahrt in die Neue Welt begann, legen heute die Sightseeingfähren an. Die Fahrt (50 Min.) verspricht einen guten Blick auf die historischen Gebäude des Hafenviertels. Mit dem **INSIDER TIPP** *Saveaway-Tagesticket (£ 4,70)* kann man nicht nur Bus und Bahn nutzen, sondern auch die Mersey-Fähren. *Tgl. ab 10 Uhr | Pier Head | £ 6,70 | Tel. 0151 3 30 14 44 | www.merseyferries.co.uk*

WALKER ART GALLERY
Eine der besten britischen Kunstsammlungen mit Werken früher italienischer und flämischer Meister. Die englische Schule der Präraffaeliten (19. Jh.) ist auch gut vertreten. *Tgl. 10–17 Uhr | William Brown Street | Eintritt frei | www.liverpoolmuseums.org.uk*

ESSEN & TRINKEN

60 HOPE STREET
Das schön renovierte Restaurant mitten in der Ausgehecke rund um die Universität genießt einen guten Ruf. Große Portionen. *Tel. 0151 7 07 60 60 | www.60hopestreet.com | €€–€€€*

THE QUARTER
Studentencafé. Pasta und gute, knusprige Pizza, kreativer als üblich z. B. mit Pekingente oder Thai-Curry belegt. *7 Falkner Street | Tel. 0151 7 07 19 65 | www.thequarteruk.com | €*

THE RESTAURANT BAR & GRILL
Liverpools Gourmettempel in einem alten Bankgebäude. Köstliche Fischgerichte. *Halifax House | Brunswick Street | Tel. 0151 2 36 67 03 | www.therestaurantbarandgrill.co.uk | €€*

EINKAUFEN

PROBE RECORDS
Der legendäre Plattenladen, der in den 1980ern Kultzentrum der alternativen Musikszene war und Elvis Costello zu seinen Stammkunden zählte, ist mittlerweile umgezogen. *The Bluecoat, School Lane*

DER NORDEN

MANCHESTER

(135 F5) (*J–K 9*) Manchester **(460 000 Ew.) ist weltweit immer noch als Industriestadt bekannt, die ihren Zenit im 19. Jh. erlebte. Dieses Image ist jedoch lange überholt. In den vergangenen 15 Jahren hat sich Manchester mächtig gemausert – auch, weil eine IRA-Bombe die Innenstadt 1996 stark beschädigt hatte und weite Teile wieder aufgebaut werden mussten.**

> **WOHIN ZUERST?**
> Erste Bekanntschaft mit der Stadt schließen Sie bei einem Bummel durch die City, am besten **zwischen dem Bahnhof Piccadilly und der Kathedrale** (Parkmöglichkeit: NCP Arndale, High Street). Anschließend geht es mit der Straßenbahn (Salford-Linie) zu den **Salford Quays** mit Daniel Libeskinds Imperial War Museum North.

Das Einkaufsviertel um St. Ann's Square wird immer schicker, die Gastroszene immer besser. Neue Museen wurden eröffnet, alte renoviert, die neu herausgeputzte Stadtmitte überrascht mit Architektur aus dem 19. Jh. (z. B. das Rathaus am Albert Square). Das alte Hafenareal wurde mit Apartments, Geschäften und Kultureinrichtungen wiederbelebt. Vor allem aber ist Manchester Heimat des legendären Fußballclubs Manchester United. Inselweit ist die Stadt ebenso für ihr Gayviertel um die *Canal Street* berühmt. Hier wurden Lagerhallen zu modernen Apartments umgebaut. Entlang dem Kanal haben sich viele Cafés, Clubs und Restaurants angesiedelt, die bis in den frühen Morgen geöffnet haben.

AM ABEND

FACT
Kino, Galerien für Videokunst, neue Medien: der Treffpunkt der progressiven Kunstszene in der Stadt. *Tgl. 11–23 Uhr | 88 Wood Street | Tel. 0151 7 07 44 64 | www.fact.co.uk*

HOPE STREET
In der Hope Street gibt es gute Restaurants, z. B. das **INSIDER TIPP** *Everyman Bistro* (Nr. 5 / €). *Philharmonic* nennt sich eines der dekorativsten Pubs im ganzen Land (Marmortoiletten).

SOCIETY
The Cavern Club ist für Oldies – das tanzbegeisterte junge Liverpool trifft sich im angesagten Society. *64 Duke Street | Tel. 0151 7 07 35 75*

ÜBERNACHTEN

BASE2STAY
Schickes Boutiquehotel in einem restaurierten Lagerhaus mitten im Zentrum von Liverpool. Jedes Zimmer verfügt über eine Miniküche. *106 Zi. | 29 Seel Street | Tel. 0151 7 05 26 26 | www.base2stay.com/liverpool | €€*

HOPE STREET HOTEL
Schicker, sehr komfortabler Umbau einer Fabrik aus dem Jahr 1860: moderne Holzeinrichtung, alte Backsteinmauern. Das Restaurant *London Carriage Works (€€–€€€)* ist ausgezeichnet. *48 Zi. | 40 Hope Street | Tel. 0151 7 09 30 00 | www.hopestreethotel.co.uk | €€€*

AUSKUNFT

TOURIST INFORMATION CENTRE (TIC)
Flughafen und Albert Dock | Tel. 0151 2 33 20 08 | www.visitliverpool.com

MANCHESTER

Eine faszinierende Architektur beherbergt das Imperial War Museum

SEHENSWERTES

MANCHESTER UNITED FOOTBALL CLUB
Der Fußballclub gehört weltweit zu den berühmtesten Markennamen. Spielt die Mannschaft in der Stadt, kommen Besucher aus der ganzen Welt zum Match. Im legendären Stadion Old Trafford gibt es ein Clubmuseum, und es werden INSIDER TIPP Führungen angeboten. *Museum und Führungen tgl. 9–15 Uhr | Kombiticket £ 15 | Reservierung empfohlen, Tickets für Spiele und Führungen: Tel. 0161 86 88 00 | www.manutd.com*

MUSEUM OF SCIENCE AND INDUSTRY
Beheimatet im und um den ältesten noch existierenden Passagierbahnhof der Welt, wiederum Teil der ersten Eisenbahnstrecke der Welt, der Liverpool and Manchester Railway. Mehrmals täglich gibt es Rundfahrten mit einem Nachbau von Robert Stephensons Planet-Dampflokomotive aus den 1830er-Jahren *(£ 2)*, außerdem Flugzeuge und Dampfmaschinen. *Tgl. 10–17 Uhr | Liverpool Road | Castlefield | Eintritt frei | www.mosi.org.uk*

QUARRY BANK MILL
Die Austellungen in der 200 Jahre alten Baumwollspinnerei stellen die frühen Tage der Industrierevolution dar. Der Komplex gilt als eine der besterhaltenen Textilfabriken aus der Zeit der industriellen Revolution. Auch der aufwendige Garten ist einen Besuch wert. *Tgl. 11–17, Nov.–Feb. bis 15.30 Uhr | Styal | Wilmslow | Eintritt £ 11,50 | www.nationaltrust.org.uk*

RUNWAY VISITOR PARK
Der Flughafen von Manchester ist nicht nur der größte des Lands außerhalb Londons, sondern verfügt auch über ein kleines Luftfahrtmuseum. Der Höhepunkt: eine INSIDER TIPP Original-Concorde, die im Rahmen einer Führung *(£ 13,50)* besichtigt werden kann. *Tgl. 8–16.30, Dez.–Jan. bis 16 Uhr | Sunbank Lane | Eintritt frei | www.manchesterairport.co.uk*

SALFORD QUAYS
Der alte Binnenhafen im Stadtteil Salford hat mit zwei Attraktionen ein ganz neues Image bekommen. Das INSIDER TIPP *Imperial War Museum North (tgl. 10–17 Uhr | Eintritt frei | www.iwm.org.uk)*, ein architektonisch spektakuläres Werk von Daniel Libeskind, beschäftigt sich auf sensible Weise mit dem Thema „Mensch und Krieg".

DER NORDEN

Nebenan erhebt sich das hypermoderne Kulturzentrum *The Lowry* mit zwei Galerien, zwei Theatern, Restaurants und Bars wie ein Riesendampfer über den Docks. Der Komplex ist nach L. S. Lowry (1887–1976) benannt, der Industrieszenen aus der Gegend um Manchester malte. *Galerien So–Fr 11–17, Sa ab 10 Uhr | Pier 8 | Salford Quays | Theater: Tel. 0843 2 00 60 00 | www.thelowry.com*

ESSEN & TRINKEN

INSIDER TIPP MICHAEL CAINES AT ABODE

Gilt seit der Eröffnung 2008 als bestes Restaurant der Stadt. Angeboten wird europäische Küche, zubereitet mit Produkten aus Manchester, Lancashire und Chester. Besonders zu empfehlen sind die *grazing menus,* bei denen kleine Portionen einen Streifzug durch das Repertoire des jungen talentierten Sternekochs erlauben. *Abode Hotel | 107 Picadilly | Tel. 0161 2 00 56 78 | www.michaelcaines.com | €€–€€€*

KOH SAMUI

Manchesters beste Adresse für die in England sehr beliebte Thai-Küche. Stärken: Meeresfrüchte, vegetarische Gerichte. *16 Princess Street | Tel. 0161 2 37 95 11 | www.kohsamuirestaurant.co.uk | €–€€*

EINKAUFEN

LOWRY OUTLET MALL ●

Markenware zu Schnäppchenpreisen an den Salford Quays. Die Mall beinhaltet Filialen vieler großer britischer und internationaler Hersteller. *Salford Quays | www.lowryoutletmall.com*

NORTHERN QUARTER UND DEANSGATE

Die junge Szene kleidet sich im Northern Quarter um die *Oldham Street* ein. Etablierter sind *House of Fraser* (früher Kendals) in Deansgate sowie das älteste noch erhaltene Kaufhausgebäude von *Debenhams (Market Street),* außerdem das exklusive *Harvey Nichols* am Exchange Square.

AM ABEND

BRIDGEWATER HALL

Die für ihre besonders gute Akustik bekannte, auf Federn gelagerte Konzerthalle ist Heimat des Hallé-Orchesters, das von der deutschen Gemeinde Manchesters gegründet wurde, um im Ausland heimische Musik genießen zu können. Das dazugehörige Restaurant bietet ausgezeichnetes und sehr preiswertes Mittagessen an. *Lower Mosley Street | Tel. 0161 9 07 90 00 | www.bridgewater-hall.co.uk | €*

CASTLEFIELD

Im sanierten Viertel aus der Frühindustrialisierung haben sich Kneipen und Restaurants am Kanalbecken angesiedelt. Vor allem durch die Außengastronomie im Sommer ist hier viel los. Empfehlenswert: das japanische Restaurant *Sapporo (91–93 Liverpool Road | Tel 0161 8 31 98 88 | www.sapporo.co.uk | €€).*

ROYAL EXCHANGE THEATRE

Im imposanten Gebäude der ehemaligen Baumwollbörse wurde ein modernes Theater eingerichtet – sehenswert, auch wenn man keine Vorstellung besucht. *Kartenvorbestellung: Tel. 0161 8 32 09 43 | www.royalexchange.co.uk*

VIA FOSSA

Eine labyrinthähnliche Gaybar im pinken Viertel, in der Sie essen *(€€)* und tanzen können, und das bis 2 Uhr morgens. *28–30 Canal Street | Tel. 0161 2 36 65 23 | www.viamanchester.co.uk*

NEWCASTLE

ÜBERNACHTEN

ABODE
Extravagantes Hotel in einem zentral gelegenen, umgebauten viktorianischen Lagerhaus. Cool und hip wie die neue Szene in Manchester. *61 Zi. | 107 Piccadilly | Tel. 0161 2 47 77 44 | www.abodehotels.co.uk/manchester | €€€*

GREAT JOHN STREET HOTEL
Schickes Boutiquehotel im Zentrum nahe dem Industriemuseum. Neben geschmackvoll eingerichteten Zimmern besticht es durch einen 🌿 Dachgarten mit toller Atmosphäre und schöner Aussicht. *30 Zi. | Great John Street | Tel. 0161 8 31 32 11 | www.eclectichotels.co.uk/great-john-street | €€€*

AUSKUNFT

TOURIST INFORMATION CENTRE (TIC)
Piccadilly Plaza, Portland Street | Tel. 0871 2 22 82 23 | www.visitmanchester.com

ZIEL IN DER UMGEBUNG

CHESTER (135 E6) (*M H10*)
Auf der Stadtmauer die Stadt umrunden, das können Sie – zumindest in England – nur in Chester (80 000 Ew., 60 km), das auf eine 2000-jährige Geschichte zurückblickt. Von der 🌿 Mauer haben Sie einen guten Überblick über die Sehenswürdigkeiten: Die Burg, den *Water Tower* (Stadtmuseum), den *King Charles Tower* und das größte in Großbritannien erhaltene römische *Amphitheater*. Eine weitere Attraktion sind die *rows*, zweistöckige, verzierte Fachwerkshoppingarkaden aus dem Mittelalter. Achten Sie auf den städtischen Ausrufer, der die neuesten Ereignisse verkündet. Wenn Sie ausprobieren wollen, wie es sich in über 300 Jahre alten Häusern wohnt, empfiehlt sich das *Chester Town House (5 Zi. | 23 King Street | Tel. 01244 35 00 21 | www.chestertownhouse.co.uk | €€)* aus dem 17. Jh. Genießen Sie am Abend eine Kanalfahrt und ein gutes Abendessen *(Abfahrt: Mill Hotel | Milton Street | Tel. 01244 35 00 35 | www.millhotel.com | €€, Übernachtung im umgebauten Lagerhaus €€–€€€)*. Auskunft: *TIC | Town Hall | Tel. 01244 40 21 11 | www.visitchester.com*

NEWCASTLE

(139 E4) (*M K–L5*) Newcastle ist eine Offenbarung: Die geschichtsträchtige Stadt an der Tyne (210 000 Ew.) hat sich rasant entwickelt.

Behutsam wurden alte Fabrikanlagen restauriert, die prachtvollen Kaufmannshäuser aus dem 17. Jh. und die klassischen Bauten aus der viktorianischen Zeit aufpoliert, die Altstadt *Grainger Town* wieder belebt. Einen guten Überblick hat man von der normannischen Burg. Noch schöner ist der Blick von einer der sieben Brücken über den Tyne. Die *High Level Bridge* war bei ihrer Eröffnung 1849 die erste Straßen- und Eisenbahnbrücke der Welt. Die *Gateshead Millennium Bridge*, die welterste rotierende Brücke, wurde im September 2001 freigegeben. **INSIDER TIPP** Newcastle ist die Partystadt des Nordens. Um den Bigg Market herum, wo es laut und lustig zugeht, sowie im Quayside-Viertel ist von Donnerstag bis Montag Partytime.

SEHENSWERTES

BALTIC CENTRE FOR CONTEMPORARY ART
Der gelungene Umbau eines Getreidelagers am Südufer des Tyne zeigt neue Kunst. Herrlich ist der Blick vom 🌿 **INSIDER TIPP** Dachrestaurant. *Tgl*

DER NORDEN

10–18 Uhr | South Shore Road Gateshead | Eintritt frei | www.balticmill.com

DISCOVERY MUSEUM
Stadtgeschichte mit Schwerpunkt auf der technischen Entwicklung, z. B. Eisenbahn, Schifffahrt. Spannend präsentiert. *Mo–Sa 10–17, So 14–17 Uhr | Blandford Square | Eintritt frei | www.twmuseums.org.uk*

was tiefer in die Tasche greifen. *Trinity Gardens | Tel. 0191 2 22 07 55 | www.cafetwentyone.co.uk | €€*

FREIZEIT & SPORT

NEWCASTLE CLIMBING CENTRE ●
Eines der größten Indoor-Kletterzentren in Nordengland – untergebracht an einem ganz besonderen Ort: in der ehemaligen Kirche von St. Mark's. *Mo–Fr 10–22, Sa, So bis 20 Uhr | 285 Shields Rd | Eintritt £ 9 | Tel. 0191 2 65 60 60 | www.newcastleclimbingcentre.co.uk*

Die Gateshead Millennium Bridge lässt große Schiffe passieren, indem sie um 45 Grad kippt

ESSEN & TRINKEN

BLACKFRIARS CAFÉ BAR
Der vielleicht älteste Speisesaal Englands in einem ehemaligen Kloster aus dem 13. Jh., das sogar Heinrich III. beherbergt haben soll. *Friar Street | Tel. 0191 2 61 59 45 | www.blackfriarsrestaurant.co.uk | €€*

CAFÉ 21
Beste britische Küche mit französischem Einfluss. Mittags erschwinglich *(€)*, für das Dinner müssen Sie allerdings et-

AM ABEND

THE SAGE MUSIC CENTRE
Zwei Konzerthallen und die Musikschule bilden den Mittelpunkt des neuen Freizeitviertels am südlichen Tyne-Ufer. Das Gebäude aus der Feder von Stararchitekt Sir Norman Foster ist schon wegen seines gewölbten Designs einen Besuch wert –

NEWCASTLE

und ein beliebtes Fotomotiv. *Tel. 0191 4 43 46 61 | www.thesagegateshead.org*

ÜBERNACHTEN

JUGENDHERBERGE
Nur etwa 15 Minuten zu Fuß zur City, 60 Betten, unbedingt vorbestellen! *107 Jesmond Street | Tel. 0845 3 71 93 35 | www.yha.org.uk | €*

MALMAISON HOTEL
Derzeit das angesagteste Hotel in der Quayside, direkt an der Millennium Bridge. Sehr aufwendiges, teils etwas übertriebenes Dekor. *122 Zi. | Quayside | Tel. 0191 2 45 50 00 | www.malmaison.com | €€€*

AUSKUNFT

TOURIST INFORMATION CENTRE (TIC)
Guildhall, Quayside | Tel. 0191 27 80 00 | www.newcastlegateshead.com

ZIELE IN DER UMGEBUNG

ALNWICK (139 E2) (*K3*)
Jahrhundertelang war die Region Northumbria Schauplatz von Grenzkriegen. Eine der eindrucksvollsten Burgen steht in Alnwick (7000 Ew., 40 km, gesprochen „Annick"). Das kleine mittelalterliche Städtchen ist mit seinen hübschen Kunstgewerbegeschäften sehenswert. In *Alnwick Castle* lebt der größte private Landbesitzer Nordenglands, der Herzog von Northumberland. Über die sagenhaften Kunstschätze (Canaletto, Tizian, Anthonis van Dyck) in der Burg kann man nur staunen. Im Park wurden Szenen der Harry-Potter-Filme gedreht. Zum neu angelegten Garten gehören Kaskaden, hohe Fontänen und andere ausgefallene Wasserspiele sowie ein erstaunlich großes Baumhaus. *(Ostern–Okt.*

11–17 Uhr | £ 10). Übernachten und essen sollten Sie im INSIDER TIPP *White Swan*. Sehenswert ist die Dekoration des Speisezimmers, die vom Luxusliner Olympic, dem Schwesterschiff der Titanic, stammt *(57 Zi. | Bondgate Within | Tel. 01665 60 21 09 | www.classiclodges.co.uk | €€).*

ANGEL OF THE NORTH (139 E4) (*L5*)
Großbritanniens größte Freiluftskulptur. Der Engel des Nordens wirkt wie ein Mensch mit Flugzeugtragflächen und ist mit 20 m Höhe und 54 m Breite weithin sichtbar. Gestaltet wurde das Werk von Antony Gormley, der ähnliche, kleinere Skulpturen auch an anderen Orten im Land aufgestellt hat. *Nahe der Kreuzung A1/A167 südlich von Gateshead*

HADRIAN'S WALL ★
(138–139 B–E4) (*H–L 4–5*)
Kaiser Hadrian errichtete im Jahr 122 diesen Wall, der über 5 m hoch und 120 km lang war, um „die Römer von den Bar-

DER NORDEN

Hadrian's Wall: architektonisches Meisterwerk der Römer und „Ende der zivilisierten Welt"

baren zu trennen" und das Ende der zivilisierten Welt zu markieren. Er brachte Tausende Soldaten in die Region und ließ die Mauer im Abstand von einer Meile mit Burgen befestigen. Von Newcastle im Osten bis Carlisle im Westen erstrecken sich heute die eindrucksvollen Überreste des ältesten römischen Monuments auf britischem Boden. Zwischen Corbridge und Haltwhistle sind die Wachtürme noch gut erhalten. Der *Hadrian's Wall Country Bus* hält an allen Forts entlang der Mauer *(fünfmal tgl. ab Newcastle und Carlisle | Tagesticket £ 9 | Fahrradmitnahme nach tel. Anmeldung möglich).* Preiswerte Tages- oder Mehrtagestickets *(Tel. 01434 32 20 02 | www.hadrians-wall.org).*

HOLY ISLAND – LINDISFARNE ★
(139 E1) (*m* K2)

Von hier nahm im 8. Jh. die Christianisierung Nordenglands und eines Teils Deutschlands ihren Anfang. Wer die Fahrt in Englands spirituelle Vergangenheit plant, muss zuvor den Tideplan genau lesen, denn der 7 km lange Verbindungsweg zur Insel ist nur während der Ebbe befahrbar. Das Kloster Lindisfarne (65 km), später Holy Island (heilige Insel) genannt, wurde 635 gegründet und genoss internationalen Ruf. 793 zerstörten die Wikinger das Kloster. Doch im 12. Jh. bauten Mönche aus Durham die Abtei wieder auf. Die Klosterruinen *Lindisfarne Priory (tgl. 9.30–17, Winter 10–16 Uhr | Eintritt £ 4,80)* sind bis heute Pilgerstätte. Besonders interessant ist die ehemalige Burg *Lindisfarne Castle (April–Okt. Di–So 12–15, Nov.–März Sa, So 10–15 Uhr | Eintritt £ 6,95)*, die 1549 zum Schutz gegen die Schotten errichtet und 1903 zum Landhaus umgebaut wurde. Ein nettes Mitbringsel ist das *Lindisfarne Castle Dark Ale*, ein lokales Bier, das mit Ysop (Bienenkraut) aus dem Schlossgarten gebraut wird. Ein großer Teil der Insel ist heute Naturschutzgebiet und mit den nahe gelegenen *Farne Islands* Winterquartier zahlreicher Zugvögel. Bootsfahrten zu den Farne-Inseln und auch zur

YORK

Beobachtung der stattlichen *Robbenkolonie* werden vom Hafen Seahouses, südlich von Bamburgh, angeboten. *Tel. 01665 72 03 08 | www.farne-islands.com/boat-trips*

INSIDER TIPP ▶ **SEATON DELAVAL HALL**
(139 E4) *(ﾛ L4)*
Das bedeutendste Barocklandhaus, 1731 von Sir John Vanbrugh fertiggestellt, ist Teil der Geschichte Englands. Hier spielten sich Dramen, Intrigen und Romanzen ab. Verheerende Feuer, militärische Besetzungen und der finanzielle Ruin bedrohten das 900 Jahre alte Anwesen im Norden Newcastles. Die letzten Besitzer, der 22. Baron Hastings und seine Frau, starben 2007. Der National Trust erwarb 2009 nicht nur das Gebäude, sondern auch Ländereien, Gemälde und Juwelen. *April–Okt. Fr–Mo 11–17, Nov.–Dez. bis 15 Uhr | The Avenue | Seaton Sluice | Eintritt £ 4,50 | Tel. 01289 38 92 44*

YORK

(136 C3) *(ﾛ L–M8)* „Die Geschichte Yorks ist die Geschichte Englands", brachte es König Georg VI. auf den Punkt. Tatsächlich hat die Stadt (193 000 Ew.) in ihrer 2000-jährigen Geschichte römische Kaiser, Wikinger, normannische Ritter, Könige und Adlige gesehen.

Trainspotter's paradise: ein Eisenbahnoldtimer im National Railway Museum in York

Und alle haben ihre Spuren hinterlassen: in den Gassen, den *shambles,* und im prächtigen Münster. Bei einem Spaziergang auf der 5 km langen ❊ Stadtmauer erhalten Sie den besten Einblick in das mittelalterliche Stadtzentrum.

SEHENSWERTES

NATIONAL RAILWAY MUSEUM ★ ●
Auf 8 ha Ausstellungsfläche gibt es hier alles, was das Herz eines *trainspotters,* eines echten Eisenbahnfans, höherschla-

DER NORDEN

gen lässt: über einhundert historische Dampf-, Diesel- und Elektroloks. George Stephensons „Rocket" ist zu sehen sowie die „Mallard", die mit 202 km/h den Geschwindigkeitsrekord für Dampfloks hält. *Tgl. 10–18 Uhr | Leeman Road | Eintritt frei | www.nrm.org.uk*

YORK MINSTER
York Minster ist beides – Kathedrale und Münster: Es ist die Mutterkirche der nördlichen Provinzen der Church of England mit Sitz des Erzbischofs von York und die größte gotische Kirche Englands. Ihr bedeutendster Schatz sind die Glasmalereien (12.–20. Jh.). Alles über die Geschichte des Münsters erfahren Sie in der Krypta. Empfehlenswert ist das Restaurant *(€)* in *St. William's College*, einem Fachwerkhaus aus dem 15. Jh. *Mo–Sa 9–17, So 12–15.45 Uhr (letzter Einlass) | Eintritt Münster £ 5,50, mit Schatzkammer/Krypta £ 9 | www.yorkminster.org*

ESSEN & TRINKEN

BETTY'S CAFÉ TEA ROOMS
Ein für guten Kuchen und Nachmittagstee bekanntes Café in einem Art-déco-Haus. Probieren Sie den sättigenden Früchtekuchen *fat rascal*. *6–8 St. Helen's Square | www.bettys.co.uk | €*

AM ABEND

York ist bekannt für abendliche Touren, auf denen Besuchern das Gruseln gelehrt wird. *20 Uhr | versch. Treffpunkte, z. B. am Pub King's Arms, Ouse Bridge | £ 4,50 | www.theoriginalghostwalkofyork.co.uk*

ÜBERNACHTEN

INSIDER TIPP BAR CONVENT
Die Nonnen des Ordens hl. Jungfrau Maria führen das älteste noch bewohnte Kloster im Land als Bed & Breakfast. Das Wort *Bar* deutet nicht auf den Ausschank von Gin Tonic hin, sondern bezieht sich auf die Tore des Hauses. *18 Zi. | 17 Blossom Street | Tel. 01904 64 32 38 | www.bar-convent.org.uk | €–€€*

MIDDLETHORPE HALL & SPA ●
Wunderschönes Anwesen aus dem 17. Jh., das 1984 ein Hotel und inzwischen dem National Trust vermacht wurde. Dennoch kann man weiterhin in den historischen Mauern übernachten. Alle Zimmer sind mit Antiquitäten bestückt, zum Anwesen gehört ein Spa mit einem vielfältigen Angebot, wie z. B. dem „Beauty Day" oder dem „Spa Break". *29 Zi. | Bishopthorpe Road | Tel. 01904 64 12 41 | www.middlethorpe.com | €€€*

AUSKUNFT

TOURIST INFORMATION CENTRE (TIC)
One Museum Street | Tel. 01904 55 00 99 | www.visityork.org

ZIELE IN DER UMGEBUNG

CASTLE HOWARD (137 D3) (*M7*)
Eines der prächtigsten privaten Herrenhäuser (17. Jh.) Englands mit herrlichem Garten erwartet Sie 30 km nordöstlich von York (A 64). Gemälde von Joshua Reynolds, der den damaligen Besitzer, den Earl of Howard, mehrfach porträtierte, und Thomas Gainsborough. *Ostern–Okt. tgl. 11–16 Uhr | Eintritt £ 13 | www.castlehoward.co.uk*

FOUNTAINS ABBEY ★
(136 B3) (*K7*)
Das Ensemble (35 km) wurde von der Unesco zum Weltkulturerbe erklärt. Es umfasst die herrlich gelegene Ruine des Zisterzienserklosters aus dem 12. Jh. und einen Landschaftsgarten des 18. Jhs. *(Ap-*

YORK

ril–Sept. tgl. 10–17, Okt.–März bis 16 Uhr | Eintritt £ 9 | www.fountainsabbey.org.uk). Ganz in der Nähe befindet sich die 1300 Jahre alte Stadt *Ripon* (A 61, donnerstags Markt). Berühmt ist der *hornblower*, der noch heute allabendlich zur Nacht bläst. Eines der besten Hotels der Region finden Sie im Nachbarort *Ripley* (A 61): *Boars Head (25 Zi. | Tel. 01423 77 18 88 | www.boarsheadripley.co.uk | €€).*

NORTH YORK MOORS NATIONAL PARK (136–137 C–D 1–2) (*K–N 6–7*)

Die wilde, fast baumlose Heidelandschaft im 555 km² großen Nationalpark ist von einsamer Schönheit. Man bekommt das Gefühl von großer Höhe, obwohl 700 m nirgendwo überschritten werden. Wanderern sind die preiswerten *barns (Tel. 0800 0 19 17 00 | www.yha.org.uk),* einfache Unterkünfte, zu empfehlen. 1836 wurde die Eisenbahnstrecke Pickering–Whitby eröffnet. Von *Pickering* aus (5000 Ew., 30 km) fährt die ☆ North York Moors Railway *(Tel. 01751 47 25 08 | www.nymr.co.uk),* die von Eisenbahnenthusiasten instand gesetzt wurde, mit einer Höchstgeschwindigkeit von 25 Meilen pro Stunde durch die Newtondale-Schlucht nach Grosmont. Ideal für Touren durchs Moor: das *White Swan (21 Zi. | Tel. 01751 47 22 88 | www.white-swan.co.uk | €€€),* ein Gasthaus aus dem 16. Jh. *(Marktplatz in Pickering).*

RIEVAULX ABBEY ☆
(136 C2) (*L7*)

Etwas für Romantiker: Im bewaldeten Tal am Ufer des Rye liegen die Ruinen der ältesten Zisterzienserabtei des Nordens (47 km), die 1132 von Bernhard von Clairvaux gegründet wurde. Relativ gut erhalten sind das Kirchenschiff und das Refektorium, eine Ausstellung gibt Einblick in das einstige Klosterleben. *Tgl. 10–18 Uhr | Abfahrt B 1257 | Eintritt £ 5,60* Von Rievaulx Abbey sollten Sie südöstlich über Helmsley nach *Harome* fahren. Allein das schilfgedeckte INSIDER TIPP *Star Inn* (14. Jh.), ein Pub-Restaurant-Club *(Restaurant Mo geschl. | €€€; Pub €€* mit Michelinstern und luxuriöser Unterkunft in der *Cross House Lodge* lohnt den Abstecher *(11 Zi. | Tel. 01439 77 03 97 | www.thestaratharome.co.uk).*

SCARBOROUGH (137 E2) (*N7*)

Saubere Strände und der Charme vergangener Tage zeichnen den schönen Badeort (71 km) aus. Eine Landzunge mit mittelalterlicher Burg trennt die ruhige nördliche von der etwas rummeligen südlichen Bucht. Übernachtung im ☆ *Hotel Haina (12 Zi. | 14 Blen-*

LOW BUDGET

▶ Alle Häuser der National Museums Liverpool gewähren kostenlosen Eintritt, d. h. neben den Museen am Albert Dock auch die *Walker Art Gallery* (Kunst) und das *World Museum Liverpool* (u. a. Geschichte, Ethnologie), beide in der William Brown Street, und die *Lady Lever Art Gallery* auf der anderen Mersey-Seite *(alle tgl. 10–17 Uhr, www.liverpoolmuseums.org.uk).*

▶ Die staatliche Organisation für Denkmalschutz *English Heritage* verwaltet viele Burgen und Abteiruinen, auch Denkmäler an der Hadriansmauer. Wer in Nordostengland und Yorkshire viel besichtigen will, kann Geld sparen: Jahresmitgliedschaft £ 46, vor Ort an den Denkmälern erwerben, z. B. Hadrian's Wall, Rievaulx Abbey. *www.english-heritage.org.uk*

---

www.marcopolo.de/england

DER NORDEN

heim Terrace | Tel. 01723 37 51 91 | www.hotelhelaina.co.uk | €) mit modernen Zimmern, Meerblick und sehr gutem Frühstück.

WHITBY (137 D1) (*M6*)

Der geschäftige Fischereihafen und die Lage zwischen hohen Klippen geben Whitby (79 km) einen unverwechselbaren Charakter, den Bram Stoker in seinem Roman „Dracula" festhielt. Die Vampirgeschichte zieht bis heute blass geschminkte, schwarz gekleidete *goths* in die Stadt, die als Heimathafen von Captain Cook (*Cook Memorial Museum* | *April–Okt. tgl. 10–17, März tgl. 11–15 Uhr* | *Grape Lane* | *Eintritt £ 4,50* | *www.cookmuseumwhitby.co.uk*) und wegen der Abteiruine (*Whitby Abbey* | *tgl. 10–16 Uhr* | *Eintritt £ 6*) besuchenswert ist.

Auf den hohen Klippen südlich der Hafenstadt Whitby gibt es eine wunderbare Wanderung mit Meerblick zur Schmugglerbucht *Robin Hood's Bay*. Wer lieber unten als oben wandert, entdeckt nördlich von Whitby in der *Runswick Bay* Fossilien der Jura- und Kreidezeit, die die Klippenerosion zutage förderte. Achtung: Richten Sie sich nach der Gezeitentabelle! Frischen Fisch bekommen Sie im INSIDER TIPP *Magpie Café* (*14 Pier Road* | *Tel. 01947 60 20 58* | *www.magpiecafe.co.uk* | *€–€€*), ein gutes englisches Frühstück im *Storrbeck Guesthouse* (*5 zi.* |

Begegnung im Nationalpark: Wanderer erwartet eine wunderschöne Pflanzen- und Tierwelt

9 Crescent Avenue | *Tel. 01947 60 54 68* | *www.storrbeck.fsnet.co.uk* | *€*).

YORKSHIRE DALES NATIONAL PARK (136 A1–3) (*J–K 6–8*)

Besonders schön ist der Nationalpark (50 km) im August, wenn das Heidekraut in voller Blüte steht. Doch auch zu den anderen Jahreszeiten sind die *dales*, die Täler, mit ihren Feldsteinmauern, sanften Hügeln und urigen Pubs faszinierend. In den hübschen Dörfern, ob *Reeth*, *Hawes* oder *East Witton*, scheint die Zeit stillzustehen. Informationszentrum in *Grassington* (*Tel. 01756 75 16 00* | *www.yorkshiredales.org.uk*).

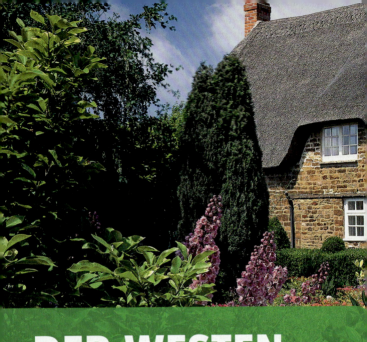

DER WESTEN

Viele Englandkenner sind davon überzeugt, dass die Insel nirgendwo englischer ist als im „Heart of England", im „Herzen Englands".

Grüne Hügel und Dörfer, die ihr mittelalterliches oder georgianisches Stadtbild weitgehend bewahrt haben, vermitteln ein so typisch englisches Bild, dass es niemanden überraschen würde, wenn Miss Marple, die resolute Privatdetektivin, um die nächste Ecke böge. Unbestritten ist Oxford mit der ältesten englischen Universität (12. Jh.) die berühmteste Stadt der Region. Besonders reizvoll sind aber auch die nahe gelegenen ★ *Cotswolds*. Die im 16. und 17. Jh. aus honigfarbenem Sandstein erbauten Dörfer Broadway oder Bibury zählen zu den malerischsten auf der Insel. **INSIDER TIPP ▶ Die Grafschaft** Shropshire an der Grenze zu Wales kann als echter Geheimtipp bezeichnet werden. Abseits touristischer Ziele gibt es hier viel typisch Britisches zu entdecken: Gespenstisches z. B. im Dun Cow Inn in Shrewsbury, das von den Geistern längst verstorbener Mönche heimgesucht wird.

BIRMINGHAM

(131 D4) *(ɰ K12–13)* **Die zweitgrößte Stadt des Lands (1 Mio. Ew.) war im 18. Jh. ein führendes Industriezentrum. Das industrielle Erbe der Stadt sieht man heute noch am Brindleyplace und um den Gas Street Basin, wo Gaststät-**

Bild: Cotswolds, Grafschaft Oxfordshire

Oxford, Cotswolds, die Geburtsstadt Shakespeares und das unbekannte Shropshire – England wie im Bilderbuch

WOHIN ZUERST?

Ins **Zentrum,** wo Sie durch die Fußgängerzone, das Bullring-Einkaufszentrum und über die Märkte (Bullring Market, Rag Market) schlendern. Anschließend geht es auf einen Kaffee an die **Kanäle,** z. B. den Gas Street Basin. Fahren Sie mit Bahn oder Bus bis New Street Station, oder parken Sie im Bullring Centre, Moor Street.

ten und Geschäfte sich an den 200 Jahre alten Kanälen ansiedelten.

Birmingham ist heute einer der wichtigsten Wirtschaftsstandorte Großbritanniens – und mit seiner großen Innenstadt zudem ein Einkaufsparadies. Zahlreiche Nationalitäten aus den Commonwealth-Staaten leben hier – und auch viele Iren. Deswegen gibt es in Birmingham alljährlich im März die nach Dublin und New York INSIDERTIPP drittgrößte Parade zum irischen Nationalfeiertag St. Patrick's Day *(www.stpatricksbirmingham.com).*

BIRMINGHAM

Einkaufserlebnis in futuristischer Architektur: Selfridges in Birmingham

SEHENSWERTES

BACK TO BACKS
Interessanter Einblick ins Birmingham vergangener Tage: Zu Zeiten der Industrialisierung wurden diese engen Backsteinhäuser zuhauf gebaut. Einige von ihnen sind nun restauriert und dienen als Museum. *Di–So 10–17 Uhr, Jan. geschl. | 55–63 Hurst Street, 50–54 Inge Street | Eintritt £ 6,60 | www.nationaltrust.org.uk*

MUSEUM OF THE JEWELLERY QUARTER
Die frühere Schmuckfabrik Smith and Pepper ist zu einem Museum umgebaut worden. Das Werk schloss in den Achtzigerjahren quasi über Nacht, weshalb noch das gesamte Inventar erhalten geblieben ist. Auch wenn hier kein Schmuck mehr fabriziert wird, noch immer gibt es INSIDER TIPP in der Gegend um die Vyse Street zahlreiche kleine Juwelierwerkstätten. *Di–Sa 10.30–16 Uhr | 75–79 Vyse Street | Eintritt £ 4 | www.bmag.org.uk, www.jewelleryquarter.net*

THINKTANK
Ein Wissenschafts- und Technikmuseum zum Anfassen und Mitmachen. Mehr als 200 interaktive Displays bieten Abwechslung, außerdem ein Planetarium und ein Imax-Kino. *Tgl. 10–17 Uhr | Millennium Point | Eintritt £ 12,25 | www.thinktank.ac*

ESSEN & TRINKEN

PURNELL'S
Hervorragendes Restaurant mit moderner britischer Küche, das sogar einen Michelin-Stern erhalten hat. *55 Cornwall Street | Tel. 0121 2 12 97 99 | www.purnellsrestaurant.com | €€€*

THE WAREHOUSE CAFÉ
Alteingesessenes vegetarisches Restaurant im Zentrum, das lokale Produkte und überwiegend Biolebensmittel verwendet. Untergebracht in einem alten Lagerhaus – daher der Name. *54–57 Allison Street | Tel. 0121 6 33 02 61 | www.thewarehousecafe.com | €*

EINKAUFEN

SELFRIDGES
Die Filiale des großen Londoner Traditionskaufhauses besticht durch ihre Architektur: Das für seine radikalen Entwürfe bekannte Londoner Büro Future Systems schuf die geschwungene Form aus Tausenden von Aluminiumtellern. Verkauft

DER WESTEN

werden vor allem Markenprodukte. *The Bullring | Park Street | www.selfridges.com*

FREIZEIT & SPORT

KANALFAHRT

Die schmalen Boote auf den Kanälen gehören zum Stadtbild. Die Fahrt damit bietet nicht nur den Blick auf schmucke Häuser, sondern ist auch ein angenehmer Kontrast zum wuseligen Treiben in der Innenstadt. *Ostern–Okt. | International Convention Centre Quayside | £ 6,50 | www.sherbornewharf.co.uk*

AM ABEND

CUSTARD FACTORY

Einst produzierte hier Sir Alfred Bird sein berühmtes Puddingpulver – heute ist die Custard Factory ein Kulturkomplex mit Clubs, Restaurants und kleinen Läden. *Gibb Street | www.custardfactory.co.uk*

ÜBERNACHTEN

BLOC BOUTIQUE BUDGET HOTEL

Günstiges, stylishes Hotel im Zentrum. Kleine, aber schicke und moderne Zimmer. *73 Zi. | Caroline Street | Tel. 0121 2 12 12 23 | www.blochotels.com | €€*

WOODBROOKE B & B

Traumhaftes Anwesen in Selly Oak etwas außerhalb von Birmingham, das einst dem Schokoladenfabrikanten George Cadbury gehörte. Heute ist das Haus ein B & B. *70 Zi. | 1046 Bristol Road | Tel. 0121 4 72 51 71 | www.woodbrooke.org.uk | €€*

AUSKUNFT

TOURIST INFORMATION CENTRE (TIC)

New Street, Ecke Corporation Street | Tel. 0844 8 88 38 83 | www.visitbirmingham.com/de

ZIELE IN DER UMGEBUNG

ALTHORP (131 F5) (*M13*)

Die 1997 verstorbene Prinzessin Diana verbrachte viele Jahre ihrer Kindheit im Familiensitz Althorp (16. Jh., 62 km). Auf einer Insel mitten im See liegt ihr Grab. Earl Spencer, Dianas Bruder, ließ die ehemaligen Ställe in ein Museum mit ihren Kleidern und Fotos umwandeln. Auch der schöne Garten und einige Privaträume können besichtigt werden. *Juli–Aug. tgl. 11–17 Uhr | Eintritt £ 13 | althorp.com*

STRATFORD-UPON-AVON
(131 D5) (*K13*)

William Shakespeare kam 1564 in Stratford-upon-Avon (22 000 Ew., 50 km) am

MARCO POLO HIGHLIGHTS

★ **Cotswolds**
Idylle pur in honigfarbenen Dörfern → S. 52

★ **Stratford-upon-Avon**
Eine ganze Stadt dreht sich um den größten englischsprachigen Schriftsteller → S. 55

★ **Oxford**
Die älteste Universitätsstadt des Landes → S. 58

★ **Shrewsbury**
Mit über 660 denkmalgeschützten Häusern die schönste Tudorstadt → S. 63

★ **Ironbridge Gorge**
Das Industriezeitalter begann genau hier → S. 64

★ **Ludlow**
Wer exquisit speisen will, fährt nach Ludlow → S. 65

BIRMINGHAM

Fluss Avon zur Welt. Hier verbrachte er die ersten 30 Jahre seines Lebens, und kehrte noch einmal von 1610 bis zu seinem Tod am 23. April 1616 in seine Geburtsstadt zurück. Alles in der Stadt ist mit dem Wirken des berühmten Barden und seiner Familie verbunden: das *Geburtshaus* in der Henley Street mit dem Museum über sein Leben, *Hall's Croft*, das Haus seiner Tochter in der Old Town Street, und das mit Schilf gedeckte *Cottage seiner Frau* Anne Hathaway im Ortsteil Shottery. Seine Mutter wohnte in Glebe Farm, nun *Farm Mary Arden* (fünf Museen mit unterschiedlichen Öffnungszeiten, meist tgl. 10–17 Uhr | Ticket für alle Häuser £ 19,50, Geburtshaus £ 12,50 | www.shakespeare.org.uk). Im ● *Royal Shakespeare Theatre, Courtyard Theatre* und *Swan Theatre* (alle: Tel. 0844 8 00 11 10 | www.rsc.org.uk) halten die besten Schauspieler und Regisseure des Lands die Werke des Dichters lebendig. Das anschließende Pint im *Dirty Duck* (Waterside | www.dirtyduck-pub-stratford-upon-avon.co.uk) gegenüber dem Theater gehört zum Shakespeare-Erlebnis dazu. Übenachten können Sie im *Alveston Manor* (114 Zi. | Clopton Bridge | Tel. 0844 87 99 18 38 | www.macdonald-hotels.co.uk/alvestonmanor | €€€), wo

In *The Royal Shakespeare Theatre* am Avon werden natürlich Stücke des Meisters aufgeführt

die Uraufführung des „Sommernachtstraums" stattgefunden haben soll. Heute ist das Landhaus ein luxuriöses Hotel am Fluss. *Auskunft: Tourist Information Centre (TIC) | 62 Henley Street | Tel. 01789 26 42 93 | www.discover-stratford.com*

WARWICK CASTLE (131 E5) (*K13*)

Die von Wilhelm dem Eroberer 1068 erbaute Festung (15 km) ist die am besten erhaltene englische Burg des Mittelalters. Zu sehen sind Gemälde, Möbel, Rüstungen. Veranstaltungen wie Falkenfliegen, historisches Kochen, Turniere. *April–Sep. tgl. 10–18, Okt.–März bis 17 Uhr | Eintritt*

DER WESTEN

£ 29,40 Tel.(*) 0871 2 65 20 00 | www.warwick-castle.co.uk

CHELTENHAM

(131 D6) (*K14*) **Schon Königin Victoria, Jane Austen und Charles Dickens kurten in Cheltenham (90 000 Ew.).**
Bis heute ist die elegante Bäderstadt mit den vielen Parks für ihre Literaturfestivals *(Mitte Okt. | www.cheltenhamfestivals.com)* sowie für ihre Jazz- und Folkkonzerte berühmt, die in der barocken *Town Hall* und im 1830 fertiggestellten *Pittville Pump Room* stattfinden. Von Oktober bis April ist die Pferderennbahn die Attraktion. Außerdem ist der Ort idealer Ausgangspunkt für Fahrten in die Cotswolds, eine von Gras und Hügeln geprägte Landschaft zwischen Avon und Themse. Die Touristinformation bietet unter dem Titel „The romantic road" ausgewiesene Touren.

ESSEN & TRINKEN

LE CHAMPIGNON SAUVAGE
Mehrfach ausgezeichnete französische und mediterrane Küche. *24 Suffolk Road | Tel. 01242 57 34 49 | www.lechampignonsauvage.co.uk | €€–€€€*

RED PEPPER
Ausgezeichnetes, günstiges Bistro-Restaurant, das auf lokale Produkte setzt wie *Cotswold Ice Cream* und frische Würste. *13 Regent Street | Tel. 01242 25 39 00 | www.redpeppercheltenham.co.uk | €*

FREIZEIT & SPORT

COTSWOLD WATER PARK
Windsurfen, Segeln, Wasser- und Jetski. *Südlich Cirencester an der A 419 | Tel. 01793 7 52 24 13 | www.waterpark.org*

ÜBERNACHTEN

STROZZI PALACE
Edles Boutiquehotel in einem venezianischen Gebäude im Zentrum von Cheltenham. Jede Suite hat ihren individuellen Charme. *6 Zi. | 55 St George's Place | Tel. 01242 65 00 28 | www.strozzipalace.co.uk | €€€*

THE WYASTONE HOTEL
Viktorianisches Stadthotel mit eigenem Garten, zentral gelegen. *13 Zi. | Parabola Road Montpellier | Tel. 01242 24 55 49 | www.wyastonehotel.co.uk/ | €€*

AUSKUNFT

TOURIST INFORMATION CENTRE (TIC)
77 Promenade | Tel. 01242 52 28 78 | www.visitcheltenham.com

ZIELE IN DER UMGEBUNG

BIBURY (127 D1) (*K15*)
William Morris (1834–1896), berühmt für sein Tapeten- und Stoffdesign, bezeichnete Bibury (25 km) einst als das schönste Dorf Englands. Es ist geprägt von sandfarbenen Steinhäusern und bunter Blumenpracht. Hier finden Sie das *Hotel Swan* mit 18 luxuriösen Zimmern *(Tel. 01285 74 06 95 | www.cotswoldsfinesthotels.com | €€€)*.
Im 3 km südwestlich von Bibury gelegenen *Barnsley* (B 4425) ist der **INSIDER TIPP** *Village Pub (Tel. 01285 74 04 21 | €€)* eine Einkehr wert – wegen seines sensationell guten Essens. Das ist kein Zufall, denn der Koch stand früher in Londoner Spitzenrestaurants am Herd.

BOURTON-ON-THE WATER
(131 D6) (*K14*)
Der charmante Ort (20 km), auch das „Venedig der Cotswolds" genannt, gilt

OXFORD

vielen als der schönste der Gegend – vielleicht, weil der Fluss Windrush direkt hindurchfließt. Hier findet sich auch das *Cotswold Motor Museum (Feb.–Nov. 10–18 Uhr | The Old Mill | Eintritt £ 3,35 | Tel. 0845 3 45 34 29 | www.csmaclubretreats. co.uk)*, in dem u. a. eine Reihe alter britischer Autos ausgestellt ist.

BROADWAY (131 D6) (*K14*)
Einer der beliebtesten Orte der Cotswolds (30 km), vor allem wegen der vielen Antiquitätengeschäfte. Vom ☆ *Broadway Tower* haben Sie einen phantastischen Blick auf das Severn-Tal. Berühmt ist der *Lygon Arms (69 Zi. | Tel. 01386 85 22 55 | www.barcelo-hotels. co.uk | €€€)*. In diesem Hotel gehobenen Stils begaben sich bereits Oliver Cromwell und König Charles I. zur Ruhe. Das ☆ **INSIDER TIPP** *Mount Inn* in *Stanton* (5 km von Broadway) bietet leckeres Essen (Lammschulter!) und einen genialen Blick auf die honiggelben Fassaden der Cotswolds *(Tel. 01386 58 43 16 | www. themountinn.co.uk | €–€€)*.

PAINSWICK (126 C1) (*J15*)
Painswick (17 km) präsentiert sich wunderhübsch mit Steincottages, einem Postgebäude aus Fachwerk und dem *Painswick Rococo Garden* aus dem 18. Jh, der mit seinen geometrischen Wegen und Beeten sogar im Winter ein beliebtes Ziel ist *(Jan.–Okt. tgl. 11–17 Uhr | Eintritt £ 6,50 | www.rococogarden.org.uk)*.

OXFORD

(127 F1) (*L15*) ★ **Wann genau die Universität Oxford gegründet wurde, ist nicht exakt festzustellen – die ältesten Nachweise stammen aus dem 11. Jh. Fakt jedoch ist, dass Oxford (150 000 Ew.) eine einzigartige Institution ist –**

die älteste englischsprachige Universität der Welt und britische Eliteschmiede. Allein das Christ Church College hat 13 Premierminister hervorgebracht.

Am besten lernen Sie Oxford auf einer Stadttour in Begleitung eines Führers kennen. Dieser vermittelt humorvoll die Geschichte der Stadt mit ihrer wunderbaren Architektur und der einzigartigen Atmosphäre der historischen Colleges. Wer kann, sollte im Mai oder Juni kommen, wenn die Studenten Kähne auf der Themse staken und Theateraufführungen in den College-Gärten stattfinden.

SEHENSWERTES

ASHMOLEAN MUSEUM
Zu bewundern sind in 39 Galerien kostbare Skulpturensammlungen, Keramik, chinesische und islamische Kunst und Textilien. Ein ☆ *Dachrestaurant* mit großer Terrasse bietet einen großartigen Blick auf die Dächer der Stadt. *Di–So 10–18 Uhr | Beaumont Street | Eintritt frei | www.ashmolean.org*

DER WESTEN

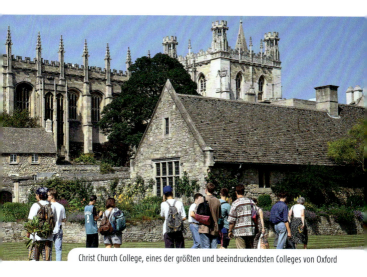
Christ Church College, eines der größten und beeindruckendsten Colleges von Oxford

BOTANISCHER GARTEN UND MAGDALEN COLLEGE

1621 als erster botanische Garten Englands eröffnet. Die Pflanzen benötigte man für medizinische Zwecke und den Botanikunterricht *(tgl. 9–16, Mai–Aug. bis 18 Uhr | Eintritt £ 3,50 | www.botanicgarden.ox.ac.uk)*. Gleich gegenüber liegt das *Magdalen College (tgl. 13–18 Uhr | Eintritt £ 4)* mit einem Glockenturm aus dem 15. Jh. Hier singt am 1. Mai der Chor lateinische Choräle. Das College hat eine riesige Parkanlage, Ausgangspunkt für einen INSIDER TIPP ▶ Spaziergang entlang dem Fluss Cherwell.

CHRIST CHURCH COLLEGE

Sicherlich das großartigste aller Colleges, 1525 von Kardinal Wolsey gegründet. Dieser führte auch die Verhandlungen um die Scheidung Heinrichs VIII. von Katharina von Aragon, die die Loslösung der englischen Kirche von Rom zur Folge hatte. Die Turmglocke, Great Tom, läutet jeden Abend um 21.05 Uhr genau 101-mal, denn früher studierten hier 101 Studenten. Der ungewöhnliche Zeitpunkt hat seine Bewandnis, denn Oxford liegt fünf Minuten westlich von Greenwich, sodass es genau 21 Uhr Oxford-Zeit ist. Sehenswert sind die *Great Hall,* Vorbild für die Mensa-Szenen der Harry-Potter-Filme, *Christ Church Cathedral* (12. Jh.) und die *Picture Gallery* mit Gemälden von italienischen Meistern und Zeichnungen u. a. von Leonardo da Vinci und Albrecht Dürer. *www.chch.ox.ac.uk; College: Mo–Sa 9–17.30, So ab 13 Uhr | Eintritt £ 6; Galerie: Okt.–Juni Mo, Mi–Sa 10.30–16.30, So ab 14 Uhr, Juli–Sep. Mo–Sa 10.30–17, So ab 14 Uhr | Eintritt £ 3*

SHELDONIAN THEATRE

Christopher Wren, Erbauer der St. Paul's Kathedrale in London, zeichnet auch für dieses Gebäude verantwortlich. Hier findet die feierliche Übergabe der Diplome statt und alljährlich im Juni die Verleihung von Ehrentiteln zum Sheldonian. *Mo–Sa 10–12.30, 14–16.30, Nov.–Feb. bis 15.30 Uhr | Broad Street | Eintritt £ 2,50 | www.sheldon.ox.ac.uk*

OXFORD

UNIVERSITY CHURCH OF ST. MARY
Den besten Blick auf die Stadt bietet der Turm von St. Mary *(tgl. 9–17 Uhr | £ 3 | www.university-church.ox.ac.uk)*, der gotischen Universitätskirche aus dem 13.–15. Jh. an der High Street. Danach stärkt man sich im angeschlossenen *coffee shop*.

Place | Tel. 01865 24 32 35 | www.theturftavern.co.uk | €

EINKAUFEN

INSIDER TIPP MARKTHALLE

Die schönen Lebensmittelstände und preiswerten Cafés der alten Markthalle

Als Feinkosttempel und Pausentreff gleichermaßen dienen die alten Markthallen

ESSEN & TRINKEN

BROWNS
Seit Jahren eine Institution in Oxford. Das Lokal brummt mittags, zum Nachmittagstee und abends. Internationale Küche, z. B. Fisch und gute Hamburger. Donnerstags ab 19 Uhr und sonntags ab 15 Uhr Livemusik am Klavier. *5–11 Woodstock Road | Tel. 01865 51 19 95 | www.browns-restaurants.co.uk | €–€€*

TURF TAVERN
Hübsch verstecktes Haus aus dem 13. Jh. in einer Gasse abseits der Holywell Street. Die kurze Suche lohnt sich, vor allem wegen des Biergartens im Sommer. *4 Bath* zeigen, dass Oxford nicht nur Geistiges im Sinne hat. Eine Treppe führt zum gemütlichen *Georgina's* in der ersten Etage. Hier treffen Sie Studenten bei einer Kuchenpause. *High Street | €*

THE UNIVERSITY OF OXFORD SHOP
Das Geschäft gehört der Uni und ist das einzige, in dem man die komplette Oxford-Kollektion (Rugbyhemden, T-Shirts, Mützen, Schals) findet. *106 High Street | www.oushop.com*

FREIZEIT & SPORT

Punting, also mit gestakten, flachen Kähnen umherzuschippern, ist bei Studenten

DER WESTEN

beliebt, aber auch Besucher können sich darin versuchen. Allerdings ist es nicht ganz einfach: Man kann leicht abdriften, was zu großem Gelächter führt. Einen Bootsverleih gibt es bei der Magdalen Bridge *(Tel. 01865 20 26 43)*. Im Sommer ist ein Versuch beim *Cherwell Boat House (Bardwell Road | Tel. 01865 51 59 78 | £ 16/ Std., £ 75/Tag)* zu empfehlen.

Gut 30 Minuten *punting* und ein kurzer Weg über die Wiese führen zum INSIDER TIPP *Victoria Arms Pub (www. victoriaarms.co.uk)*. Der Pub mit seinem großen Garten ist perfekt für einen Sommerdrink. Wer nicht selbst staken will, kann sich ein Boot mit *punter* mieten (£ 25/30 Min.) und sich ganz entspannt zurücklehnen.

AM ABEND

EAGLE & CHILD ●
Selbst Akademiker werden in diesem Pub aus dem 17. Jh., in dem sich bereits J. R. R. Tolkien („Herr der Ringe") und C. S. Lewis trafen, locker. *49 St. Giles | Tel. 01865 30 29 25 | www.nicholsonspubs.co.uk*

FREUD
Bar und Club in einer umgebauten Kirche. Livejazz vor Glasmalereien, Getränke zu humanen Preisen. *119 Walton Street | Tel. 01865 31 11 71 | www.freud.en*

O₂ ACADEMY
Größte Livemusikhalle in Oxford, hier wird hauptsächlich Rockmusik gespielt. *190 Cowley Road | Tel. 0844 8 47 16 97 | www.o2academyoxford.co.uk*

SHAKESPEARE IM GARTEN
An Sommerabenden Freilichttheater (u. a. Shakespeare) in den herrlichen Collegegärten. *www.creationtheatre.co.uk*

ÜBERNACHTEN

INSIDER TIPP B & B RAFTERS
Gäste werden in dem Boutique-Style-Gästehaus mit geschmackvoll eingerichteten Zimmern und wunderbarem Frühstück verwöhnt, günstig für Oxford und die Cotswolds gelegen. *4 Zi. | 363 Abingdon Road | Marcham | Tel. 01865 39 12 98 | www.bnb-rafters.co.uk | €€*

PUBLIC SCHOOLS

Der Name ist verwirrend, denn die *public schools* (wörtlich übersetzt: öffentliche Schulen) sind Privatschulen. In vergangenen Jahrhunderten unterschied man mit diesem Begriff zwischen jungen Adligen, die auf eine Schule gingen, und denen, die zu Hause von Privatlehrern unterrichtet wurden. Eine angesehene *public school* ist die 1552 gegründete Shrewsbury School, die am hohen Severn-Ufer in einem 60 ha großen Gelände mit Blick auf die Altstadt liegt. Berühmtester ehemaliger Schüler ist der Evolutionswissenschaftler Charles Darwin. Die bekannteste *public school* ist Eton College, die bei Schloss Windsor liegt und für die Prinzen William und Harry die natürliche Wahl war. Im 19. Jh. stählten diese Kaderschmieden des britischen Weltreichs junge Männer für zukünftige Aufgaben in fernen Ländern. Heute gibt man sich moderner, öffnet auch für Mädchen die Pforten und ist im nicht-kolonialen Sinne weltoffen: Seit 2003 hat Shrewsbury School eine Filiale in Bangkok.

OXFORD

In Blenheim Palace erblickte Winston Churchill 1874 das Licht der Welt

MALMAISON
Der bis 1995 als Gefängnis benutzte viktorianische Bau an der Stelle einer Burg von 1071 erfuhr einen erstaunlichen Umbau zu einem schicken Hotel. *94 Zi. | 3 New Road, Oxford Castle | Tel. 01865 26 84 00 | www.malmaison.co.uk | €€€*

AUSKUNFT

TOURIST INFORMATION CENTRE (TIC)
Das TIC ist Ausgangspunkt für geführte Spaziergänge. *15–16 Broad Street | Tel. 01865 72 68 71 | Infos 01865 25 22 00 | www.visitoxfordandoxfordshire.com*

ZIELE IN DER UMGEBUNG

BLENHEIM PALACE (127 E1) (*L14*)
John Churchill, Herzog von Marlborough, erhielt als Dank für seinen Sieg über die Franzosen in der Schlacht von Blenheim 1704 Geld, um sich diesen Palast (12 km nördl.) zu bauen. Die Architekten schufen ein Meisterstück barocker Baukunst. Bekannt ist Blenheim Palace aber vor allem als Geburtsort von Winston Churchill. Seine Sammlung von Briefen, Büchern und Gemälden ist sehenswert. Witzig sind die Reiseberichte an seinen Vater, in denen der junge Churchill akribisch beschreibt, wo das ganze Geld geblieben ist. Blenheim ist mit einer Schmalspureisenbahn, einem 850 ha großen INSIDER TIPP Park und dem größten Irrgarten der Welt auch ein schönes Ausflugsziel für Kinder. *Feb.–Nov. tgl. 10.30–17 Uhr | Eintritt Palast und Garten £ 20 | www.blenheimpalace.com*

INSIDER TIPP WADDESDON MANOR (128 A1) (*M14*)
Eines der im 19. Jh. erbauten prächtigen Rothschild-Mansions (20 km östl.) im Stil eines französischen Renaissanceschlosses mit vollständig bewahrter Kunstkollektion. Jedes Jahr im Juni findet auf dem Anwesen das Kulturfestival „Mad About Waddesdon" statt mit Livemusik, Tanz und Theater. *Mi–So 10–17 Uhr | Eintritt £ 15 | www.waddesdon.org.uk*

DER WESTEN

SHREWSBURY

(130 B3) (*H12*) ⭐ **Das an der Schleife des Severn gelegene Shrewsbury (70 000 Ew.) mit seinen vielen Fachwerkhäusern ist die wohl schönste Tudorstadt der gesamten Britischen Inseln.** Es zählt über 660 denkmalgeschützte Bauten, darunter die *Old Market Hall* (1596), in der früher die reichen Wollfarmer und Tuchhändler verhandelten, oder die alte *Stadtbibliothek* von 1598. Davor das Denkmal von Charles Darwin, der 1808 in Shrewsbury geboren wurde. Mittelalterlich verwinkelt sind *Grope Lane, Butcher Row* und *Milk Street,* enge Passagen, die *shuts* genannt werden.

SEHENSWERTES

SHREWSBURY ABBEY
Auf dem westlichen Severn-Ufer steht die wegen des mit Wappen verzierten Westfensters sehenswerte Kirche aus der Zeit nach der normannischen Eroberung, die zu einer 1083 als Benediktinerkloster gegründeten Abtei gehörte. *Mo–Sa 10.30–15, So 11.30–14.30 Uhr | Abbey Foregate | Eintritt frei | www.shrewsburyabbey.com*

SHREWSBURY MUSEUM & ART GALLERY
Die Geschichte der Region seit der Römerzeit ist im 1590 erbauten Rowley's House zu sehen. *Mo–Sa 10–17, So 10–16 Uhr | Barker Street | Eintritt frei | www.shrewsburymuseums.com*

ESSEN & TRINKEN

DRAPERS HALL RESTAURANT
Sehr historisch. Der erste Tisch neben dem Fenster ist 500 Jahre alt. Essen kann man im Restaurant oder im *Yellow Room* (Bar). *10 St. Mary's Place | Tel. 01743 34 46 79 | www.drapershallrestaurant.co.uk | €€*

THE DUN COW
Die Besitzer sind felsenfest davon überzeugt, dass es im Haus spukt. Der Pub mit Steakrestaurant geht auf ein Gasthaus aus dem Jahr 1085 zurück. Das alte Fachwerkgebäude ist nicht nur von außen sehr hübsch, auch innen birgt es Zeugnisse seiner langen Geschichte. *171 Abbey Foregate | Tel. 01743 35 64 08 | www.theduncow.co.uk | €*

LOW BUDG€T

▶ Achten Sie auf besondere Dinner-Angebote in Pubs und kleinen Restaurants. Die Pubkette *Wetherspoon* (www.jdwetherspoon.co.uk) z. B. bietet günstige Gerichte sowie mehrmals wöchentlich Themenangebote wie einen Currytag zum Schnäppchenpreis. Filialen gibt es u. a. in Birmingham und Stratford-upon-Avon.

▶ Theaterschnäppchen in *Stratford-upon-Avon* für alle, die jünger als 25 sind: Täglich können 40 Karten für nur £ 5 vorbestellt werden, zehn werden am Tag der Aufführung im Courtyard Theatre vergeben *(www.rsc.org.uk)*.

▶ Manche der Colleges in Oxford erheben nur eine bescheidene Eintrittsgebühr: *Merton College (Merton Street)* mit seiner schönen Kapelle, *University College (High Street)* und *New College* mit seinem herrlichen Garten kosten lediglich £ 2 Eintritt.

SHREWSBURY

EINKAUFEN

THE PARADE SHOPPING CENTRE
30 kleine Geschäfte in einem 200 Jahre alten Haus, das ursprünglich eine Klinik gewesen ist. Von der ☘ Caféterrasse aus hat man einen schönen Blick auf den Fluss. www.paradeshops.co.uk

ÜBERNACHTEN

ABBEY COURT HOUSE
Preiswerte Unterkunft in Abteinähe. *10 Zi. | 134 Abbey Foregate | Tel. 01743 36 44 16 | www.abbeycourt.biz | €*

TUDOR HOUSE
Drei nostalgisch eingerichtete Zimmer in einem Fachwerkhaus aus dem 14. Jh., in dem wirklich kein Balken gerade ist. *2 Fish Street | Tel. 01743 35 17 35 | www.tudorhouseshrewsbury.co.uk | €€–€€€*

AUSKUNFT

TOURIST INFORMATION CENTRE (TIC)
Rowleys House | Barker Street | Tel. 01743 28 12 00

ZIELE IN DER UMGEBUNG

IRONBRIDGE GORGE ★
(130 C3) *(J12)*
Der Museumskomplex um die Ironbridge Gorge, 20 km südöstlich von Shrewsbury (B 4380), wurde 1986 zum Weltkulturerbe erklärt. Hier steht die erste Eisenbrücke der Welt (1777–1779), die den Beginn des Industriezeitalters markiert. Insgesamt gibt es zehn Museen entlang

BÜCHER & FILME

▶ **Reif für die Insel** – Der amerikanische Journalist Bill Bryson heiratete eine Engländerin und lebte jahrzehntelang in England. In diesem Buch schildert er humorvoll seine Erfahrungen

▶ **Gebrauchsanweisung für London** – Sportjournalist Ronald Reng verarbeitete seinen fünfjährigen Aufenthalt in London in diesem humorvollen Buch

▶ **Fettnäpfchenführer Großbritannien** – MARCO POLO Koautor Michael Pohl schickt in diesem Buch einen ahnungslosen Mann auf die britische Insel, der sich mit dem dortigen Alltag schwertut

▶ **Looking for Eric** – Ken Loachs Film setzt sich humorvoll mit dem Ikonenstatus des französischen Fußballstars und Manchester-United-Spieler, Eric Cantona, auseinander. Damit verknüpft ist die feinfühlige Darstellung der britischen Arbeiterklasse. 2009

▶ **Die Queen** – Ein Blick hinter die Kulissen in der königlichen Familie – eine Art Doku-Drama über die Woche nach dem Tod von Prinzessin Diana mit Helen Mirren als Königin Elizabeth. Regie: Stephen Frears, 2006

▶ **Abbitte (Atonement)** – Brillant gespielte Verfilmung des Romans von Ian McEwan über die Ereignisse in einem englischen Landhaus kurz vor dem Zweiten Weltkrieg, als eine der Töchter des Hauses sich in einen jungen Mann aus armen Verhältnissen verliebt. Regie: Joe Wright, 2007

DER WESTEN

der Schlucht, in denen spannend die Geschichte der industriellen Revolution vermittelt wird *(siehe S. 104).* Beginnen Sie Ihre Tour mit dem *Museum of the Gorge,* das in einem umgebauten Lagerhaus (1840) untergebracht ist. Das *Coalbrookdale Museum of Iron (tgl. 10–17 Uhr | ein Jahr gültiges passport ticket für alle Museen £ 22,50 | www.ironbridge.org.uk)* befindet sich direkt neben dem Schmelzofen, in dem erstmals 1709 Eisen mit Koks geschmolzen wurde. Eine Übernachtung lohnt sich, z. B. in *The Bird in Hand Inn,* 1774 erbaut, einem Familienhotel mitten in der Schlucht mit phantastischem Ausblick *(3 Zi. | Waterloo Street | Tel. 01952 43 22 26 | www.birdinhand1774.co.uk | €);* The Golden Ball Inn, ältestes Gasthaus der Schlucht mit Pub *(3 Zi. | Newbridge Road | Tel. 01952 43 21 79 | www.goldenballinn.com | €€).*

LUDLOW ★ (130 B4) (*H13*)

Die im 12. Jh. um eine normannische Burg herum entstandene Stadt Ludlow (10 000 Ew., 30 km) gilt vielen als der Archetypus einer ländlichen englischen Kleinstadt. 500 der hübschen georgianischen Häuser, die einst reichen Wollfarmern und Tuchhändlern gehörten, stehen unter Denkmalschutz. Ende Juni/Anfang Juli bildet die Burg die phantastische Kulisse für die Shakespeare-Aufführungen im Open-Air-Theater. Ludlow ist auch gastronomische Hochburg mit einem *kulinarischen Festival* am zweiten Wochenende im September, ausgezeichneten Lebensmittelgeschäften und hervorragenden Restaurants: Speisen Sie bei *Mr Underhill's (Dinham Weir | Tel. 01584 87 44 31 | www.mr-underhills.co.uk | €€€)* oder in *La Bécasse (17 Corve Street | Tel. 01584 87 23 25 | www.labecasse.co.uk | €€€).* Berühmteste Unterkunft am Platz ist das luxuriöse *Feathers Hotel.* Es ist 300 Jahre alt und von wunderschöner Tudor-Architektur geprägt *(42 Zi. | Bull Ring | Tel. 01584 875261 | www.feathersatludlow.co.uk | €€€).* Als Alternative bietet sich das *Ludlow Townhouse*

Englisches Fachwerk vom Feinsten: das 300 Jahre alte Feathers Hotel

(2 Zi. | 4 Brand Lane | Tel. 01584 87 55 92 | www.ludlowtownhouse.co.uk | €€) an, ein B&B in einem georgianischen Stadthaus.

11 km nordwestlich von Ludlow abseits der A 49 liegt *Stokesay Castle (April–Okt. Mi–So 10–16, Mai–Aug. tgl. | £ 5,80).* Der befestigte Herrensitz aus dem 13. Jh. ist eine Augenweide – pittoresker geht es kaum.

DER OSTEN

Bei einer Fahrt durch das einstige Königreich East Anglia fallen die vielen Windmühlen auf, außerdem bezaubern die Fachwerkhäuser und hochherrschaftlichen Anwesen. Ganz zu schweigen von den vielen mittelalterlichen Kirchen.

Mehr als 500 sollen es zwischen Colchester im Süden, Hull im Norden, Cambridge im Westen und Aldeburgh im Osten sein. Die Landschaft ist sanfthügelig, der Himmel unendlich, was schon die berühmtesten Söhne der Region, die Maler John Constable (1776–1837) und Thomas Gainsborough (1727–1788), inspirierte. Die Landstriche, die Sie auf Wanderungen, Radtouren oder Bootsfahrten durch Constable Country kennenlernen, scheint einem jener Gemälde des 18. Jhs. entsprungen zu sein.

Noch im Mittelalter war East Anglia der bedeutendste Wirtschaftsstandort Englands. Besonders begehrt war das in der Region hergestellte Tuch. Mit der Erfindung der Dampf- und Webmaschinen wanderte die englische Textilindustrie dann aber nach Norden ab. Gut für die Besucher heute, denn viele bezaubernde Orte blieben dadurch in ihrem ursprünglichen Aussehen erhalten wie die mittelalterliche Kathedralenstadt Norwich. Inzwischen hat es sich herumgesprochen, wie gut man in East Anglia lebt. Immer mehr Großstädter zieht es hierher. Obwohl nach außen das mittelalterliche Image gepflegt wird, sind die Städte ausgesprochen dynamisch. So hat sich die Universitätsstadt Cambridge zum englischen Silicon Valley entwickelt.

Bild: Windmühle an den Norfolk Broads

Windmühlen, Fachwerkhäuser und imposante Herrensitze beeindrucken in der wunderschönen Landschaft East Anglias

Und auch das Pferdesportzentrum in Newmarket, das interessante touristische Einblicke gewährt, ist Weltspitze, modern und international.

CAMBRIDGE

(133 D5) (*O13*) ★ **Über 3 Mio. Touristen kommen jedes Jahr nach Cambridge (110 000 Ew.), dessen Atmosphäre von den weltberühmten Colleges und ihren Studenten bestimmt wird.**

Die Geburtsstunde der Universität lässt sich genau festmachen. Angeblich hatte ein Oxforder Student im Jahre 1209 eine Bewohnerin Oxfords ermordet. Daraufhin ergriffen die wütenden Städter den – wie sich später herausstellte – unschuldigen Studenten und henkten ihn. Das veranlasste eine Gruppe seiner Kommilitonen, der unwirtlichen Stadt den Rücken zu kehren und sich in Cambridge anzusiedeln. Gegen 1226 waren es bereits so viele, dass regelmäßig Kurse veranstaltet wurden. Man traf sich in

CAMBRIDGE

Kirchen und Privathäusern. Erst gegen Ende des 13. Jhs. wurde den Colleges Land übergeben, in der Hoffnung, dass die Gelehrten für das Wohl und die Seele der Spender beten würden. Das erste College der Universität war Peterhouse (1284), vom Bischof von Ely gegründet. Die anderen 30 Colleges, darunter drei reine Frauencolleges, entstanden in den folgenden 700 Jahren. Weltweit berühmte Wissenschaftler, Künstler, Philosophen und Politiker, darunter mehr als 60 Nobelpreisträger, lernten und lehrten hier. Heute ist die Region um Cambridge durch die Partnerschaft zwischen Wissenschaft und Industrie eine dynamische Wirtschaftsregion mit einer hohen Konzentration junger IT-Unternehmen.

Die ideale Einstimmung auf Cambridge ist eine Fahrt in einem der *punts,* jener flachen Stechkähne, auf dem Fluss Cam. Mieten Sie sich an der Silver Street Bridge ein Boot, und gleiten Sie unter der *Bridge of Sighs,* einem Nachbau der venezianischen Seufzerbrücke (1831), durch und an Gärten und Collegegebäuden vorbei.

SEHENSWERTES

FITZWILLIAM MUSEUM

Viscount Fitzwilliam hinterließ der Universität 1816 seine wertvolle Sammlung europäischer Malerei, griechischer, römischer und ägyptischer Skulpturen und chinesischen Porzellans. Später kamen Bilder der Impressionisten dazu, antike Möbel und Waffen. Der Bau des neoklassizistischen Gebäudes wurde 1837 begonnen. Es war eines der ersten öffentlichen Museen des Lands. *Di–Sa 10–17, So 12–17 Uhr | Trumpington Street | Eintritt frei | www.fitzmuseum.cam.ac.uk*

KETTLE'S YARD ●

„Jim" Ede, ein ehemaliger Angestellter der Tate Gallery in London, stellte 1957

Eine Bootspartie auf dem Cam führt auch am King's College vorbei

DER OSTEN

sein Haus jungen Künstlern zum Leben und Arbeiten zur Verfügung. Das Resultat ist eine interessante Sammlung der Kunst des 20. Jhs. 1966 stiftete die Familie Haus und Sammlung der Uni, die sie der Öffentlichkeit zugänglich machte. *Di–So 13.30–16.30, Okt.–März 14–16 Uhr | Castle Street | Eintritt frei | www.kettlesyard.co.uk*

KING'S COLLEGE

Heinrich VI. legte 1440 den Grundstein dieses Colleges, und so ziert seine Statue den Innenhof. Mehrere Könige nach ihm setzten das grandiose Bauwerk fort. Zu den berühmten Ehemaligen gehören der Schriftsteller E. M. Forster, Filmregisseur Derek Jarman und Ökonom John Maynard Keynes. Die Kapelle mit ihren Glasfenstern (16. Jh.) zählt zu den schönsten Bauwerken Englands. Kleine Ausstellung zur Geschichte des Baus. *Mo–Sa 9.30–16.30, So 10–17 Uhr, während des Semesters nur bis 15.30 Uhr, So geschl. | King's Parade | Eintritt £ 6,50 | www.kings.cam.ac.uk*

TRINITY COLLEGE

1546 von Heinrich VIII. gegründet, ist dieses College das größte überhaupt, mit einem gigantischen Innenhof, dem Great Court (10 000 m²). Rechts vom Eingang steht ein Ableger jenes Apfelbaums, der durch Trinity-Student Isaac Newton berühmt wurde. Unter dem Baum liegend soll er das Prinzip der Schwerkraft entdeckt haben, nachdem ihm ein Apfel auf den Kopf gefallen war. Christopher Wren, Architekt von St. Paul's in London, erbaute die ● *Bibliothek,* die mehr als 55 000 vor 1820 gedruckte Bücher beherbergt. Darunter INSIDER TIPP das Original von „Winnie the Pooh", der Geschichte des kleinen Bären. *Tgl. 10–16.30 Uhr | Trinity Street | Eintritt £ 2,50, Bibliothek frei | www.trin.cam.ac.uk*

ESSEN & TRINKEN

JAMIE'S ITALIAN
Italienische Küche im geschmackvollen Lokal von Jamie Oliver, der seit Jahren unermüdlich mit Aktionen zur gesunden Ernährung im Land beiträgt. *The Old Library | Wheeler Street | Tel. 01223 65 40 94 | www.jamieoliver.com | €€€*

MIDSUMMER HOUSE
Das mit zwei Michelinsternen ausgezeichnete Restaurant bietet die beste Küche der Region. Manche sagen auch, die beste Weinkarte außerhalb Paris'. Reservierung erforderlich. *Midsummer Common | Tel. 01223 36 92 99 | www.midsummerhouse.co.uk | €€€*

STICKYBEAKS CAFÉ
Kleines, einfaches Café im Zentrum von Cambridge. Gutes Frühstück und ständig wechselnde Mittagsgerichte. Guter Kaffee. *49 Hobson Street | Tel. 01223 35 93 97 | www.stickybeakscafe.co.uk | €*

MARCO POLO HIGHLIGHTS

★ **Cambridge**
Universitätsstadt mit der weltweit bekannten Eliteschmiede
→ S. 67

★ **Newmarket**
Pferderennen im berühmtesten Reitsportzentrum der Welt
→ S. 71

★ **Norwich**
Die mittelalterliche Stadt hat die meisten Kirchen im Land
→ S. 74

★ **Norfolk Broads**
42 Seen und ein Labyrinth von Wasserwegen → S. 77

CAMBRIDGE

FREIZEIT & SPORT

FAHRRADFAHREN
Alle in Cambridge fahren Fahrrad, wenn sie nicht gerade *punten*. Auch außerhalb der Stadt radelt es sich gemütlich, denn die Gegend ist ganz flach. Fahrradverleih: *Cambridge Station Cycles | direkt am Bahnhof | Tel. 01223 30 71 25 | www.stationcycles.co.uk*

PUNTING ●
Punting ist der Sport in Cambridge. Schauen Sie sich die Technik ab. Es ist immer amüsant und endet manchmal feucht. Wer sich nicht zutraut, selbst zu fahren, kann Studenten anheuern, die diesen bevorzugten Ferienjob gern machen. Ein Tagestrip ist die Tour von Cambridge in das 6 km entfernte **INSIDER TIPP** Grantchester mit obligatorischem Picknick am Fluss. *Bootsverleih: Anlegestellen an der Magdalen Bridge, am Pub Rat & Parrot, Jesus Green sowie für die Fahrt nach Grantchester an der Silver Street Bridge | £ 10 für 45 Min., £ 27 nach Grantchester Village und zurück | www.punting-in-cambridge.co.uk*

AM ABEND

CORN EXCHANGE
Das Kulturzentrum der Stadt. Theater- und Ballettaufführungen, wechselnde Shows. *Wheeler Street | hinter Guildhall | Tel. 01223 35 78 51 | www.cornex.co.uk*

EAGLE
Die Nobelpreisträger Francis H. Crick und James Watson sollen die Hälfte ihrer Zeit im Labor, die andere in diesem Pub aus dem 16. Jh. verbracht haben. Die beiden entdeckten die Struktur der DNA, vielleicht bringt das Suffolk-Bier auch Sie auf kluge Gedanken? *8 Benet Street | Tel. 01223 50 50 20*

FEZ
Coolste Adresse der Clubszene, Musik von Pop bis Indie und House, oft stehen Schlangen vor der Tür. Der Dresscode lautet: smart und hübsch, keine Sportswear! *Mo–Do 21–2, Fr–Sa 21–3 Uhr | Eintritt £ 2–5 | 15 Market Passage | www.cambridgefez.com*

ÜBERNACHTEN

THE VARSITY HOTEL & SPA
Stylishes Boutiquehotel in alten Gemäuern direkt am River Cam, das nicht nur luxuriöse Unterkünfte, sondern auch ein Spa bietet. Sonnabends werden Hotelgäste gratis durch die Stadt geführt *48 Zi. | Thompson's Lane | Tel. 01223 30 60 30 | www.thevarsityhotel.co.uk |* €€€

LOW BUDGET

▶ Kostenloser Konzertgenuss: Der ● Chor des *King's College Cambridge,* der vielleicht beste Englands, singt im Gottesdienst während des Semesters *(Di–Sa 17.30, So 15.30 Uhr).* Wer ihn besucht, zahlt zudem keinen Eintritt für die Kapelle und erlebt sie von ihrer bewegendsten Seite.

▶ Picknick an der Küste: Reiche Londoner lieben die Norfolkküste, entsprechend teuer sind die Restaurants. Kaufen Sie stattdessen ein Gourmetpicknick am Marktplatz von Burnham Thorpe, z. B. beim Bäcker *Groom's,* beim Fischgeschäft *Gurney* oder bei Metzger *Arthur Howell,* und speisen Sie am Holkham Beach, dem Lieblingsstrand der Königin.

DER OSTEN

DE VERE UNIVERSITY ARMS
Dieses zentrale Hotel ist in einem alten viktorianischen Komplex untergebracht, direkt am Parker's Pierce Park. Das Interieur ist zum Teil in die Jahre gekommen – aber insgesamt hübsch! *119 Zi. | Regent Street | Tel. 01223 27 30 00 | www.devere-hotels.co.uk | €€*

WARKWORTH HOUSE
B&B in einem viktorianischen Haus. Das Frühstück ist großartig, die Besitzer sehr freundlich. *13 Zi. | Warkworth Terrace | Tel. 01223 36 36 82 | www.warkworthhouse.co.uk | €€*

AUSKUNFT

TOURIST INFORMATION CENTRE (TIC)
Das Büro bietet interessante Stadtwanderungen *(tgl. 11 und 13 Uhr | £ 15)* an. *Peas Hill | Tel. 0871 2 26 80 06 | www.visitcambridge.org*

ZIELE IN DER UMGEBUNG

ELY (133 D4) (*O13*)
Einst hieß die Stadt auf dem Hügel, umgeben von Sumpf, Isle of Eel – Insel der Aale. Die Normannen erbauten 1083 die Kirche von Ely (10 000 Ew., 25 km) als Bischofssitz. Aufgrund des großen Pilgerstroms musste sie 1253 vergrößert werden. Die Geschichte der Kathedrale ist voller Unfälle. Bei Bauarbeiten an der Lady Chapel stürzte 1322 der Zentralturm ein. Später wurde ein 20 m hoher Glockenturm errichtet, der wahrscheinlich der Auslöser für den Zusammensturz des westlichen Querhauses im Jahr 1701 war. Das *Museum für Buntglasfenster (Mo–Sa 10.30–17, So 12–18 Uhr, im Winter bis 16.30 Uhr | Eintritt £ 4)* und das *Haus von Oliver Cromwell (April–Okt. tgl. 10–17.30, Nov.–März tgl. 11–16 Uhr | 29 St. Mary Street | Eintritt £ 4,50)* sind die Hauptsehenswürdigkeiten der Stadt. Wunderbar entspannen können Sie nach deren Besichtigung im liebevoll gestalteten Hafenviertel am Fluss Great Ouse. *www.visitely.eastcambs.gov.uk*

Beeindruckend ist die Glasmalkunst in der Kathedrale von Ely

NEWMARKET ⭐ (133 E5) (*O13*)
Newmarket (16 000 Ew., 20 km) ist seit dem 17. Jh. das Zentrum des königlichen Rennsports. Einen Eindruck der royalen Vergangenheit bekommen Sie im Touristenzentrum, das sich stilecht im *Palace House Mansion* befindet. Im Angebot ist eine Minibustour zu den Übungsplätzen

COLCHESTER

Newmarket – Zentrum des Rennsports: Hier werden heute hauptsächlich Vollblüter gezüchtet

und durch das *Nationalgestüt (März–Sept. und an Renntagen im Okt. tgl. 11.15 und 14 Uhr | Tel. 01638 663464 | Eintritt £ 7 | www.nationalstud.co.uk, www.newmarketracecourses.co.uk)*. Im *Nationalen Pferdesportmuseum (März–Dez. Di–So 11–16.30 Uhr | Eintritt £ 6,50)* bekommt man einen guten Einblick in den Pferderennsport und die Aufzucht der kostbaren Vollblüter. *www.nhrm.co.uk*

COLCHESTER

(134 A6) (*P14*) **Colchester am Fluss Colne (150 000 Ew.) gilt als älteste Stadt Englands. Die Römer gründeten hier um 43 n. Chr. Camulodunum, den ersten Verwaltungssitz in Britannien.**

Heute locken Tudorhäuser, eine Burg, die Universität von Essex und die Nähe zu London jährlich mehr als vier Mio. Besucher hierher. Auch für Fährreisende, die im nahen Harwich ankommen, ist die Stadt erster Anlaufpunkt auf der Insel.

SEHENSWERTES

BURG
Die Burg wurde um 1076 auf den Überresten eines römischen Claudius-Tempels erbaut und diente mehrere Jahrhunderte als Gefängnis, bevor sie Ende des 17. Jhs. von einem Privatmann erworben wurde. Heute sind hier historische Funde sowie wechselnde Ausstellungen zu sehen. *Mo–Sa 10–17, So 11–15 Uhr | Castle Park | Eintritt £ 6 | www.cimuseums.org.uk*

FIRSTSITE
Ein Zentrum für moderne Kunst in einem von Goldfarben und Glas geprägten halbrunden Bau eines Uruguayer Architekten. Innen gibt es Ausstellungen und Kurse. *Di, Mi, Sa, So 10–17, Do, Fr bis 19 Uhr | Lewis Gardens, High Street | Eintritt frei | www.firstsite.uk.net*

RÖMISCHE STADTMAUER
Viel ist aus der Zeit der römischen Herrschaft in Colchester nicht geblieben

DER OSTEN

Erhalten sind noch Teile der alten Stadtmauer, die die Siedlung vor knapp 2000 Jahren umgab. Zu sehen am besten im Schlosspark und am Balkerne-Tor. In unregelmäßigen Abständen gibt es auch Führungen zum Thema (Infos im Visitor Center). *Eintritt frei | www.romanwall.org*

TOWN HALL
Das im Barockstil gehaltene Rathaus ist nicht nur von außen wegen seines Turms sehenswert. Erbaut zwischen 1898 und 1902 beinhaltet es im Inneren den *Saal Moot Hall* mit einer alten Pfeifenorgel. *Mo–Fr 8–17 Uhr | High Street | Eintritt frei | www.colchester.gov.uk*

ESSEN & TRINKEN

THAI 1
Beliebtes Thai-Restaurant im Zentrum. Spezialität Garnelen. *82A East Street | Tel. 01206 87 07 70 | www.thai-1.co.uk | €*

THE WAREHOUSE
Klassische britische Küche: Steaks, Lachs und Vegetarisches. *12 Chapel Street North | Tel. 01206 76 56 56 | www.thewarehousecolchester.com | €€*

ÜBERNACHTEN

ROSE & CROWN
Das Hotel mit Restaurant *(€€)* und Bar in einem Fachwerkhaus aus dem 14. Jh. gilt als das älteste in Colchester. Viele Zimmer sind von Fachwerkbalken geprägt. *39 Zi. | East Street | Tel. 01206 86 66 77 | www.roseandcrowncolchester.co.uk | €€*

AUSKUNFT

VISIT COLCHESTER INFORMATION CENTRE
1 Queen Street | Tel. 01206 28 29 20 | www.visitcolchester.com

LAVENHAM

(134 A5) *(*m* P13)* **Die liebliche Landschaft im Süden der Grafschaft Suffolk ist mit Bilderbuchdörfern übersät.**

Unter ihnen sticht besonders Lavenham (1700 Ew.) mit seinen Reetdächern und blumengeschmückten Fachwerkhäusern hervor, das wie andere Orte der Gegend seine Blütezeit ab dem späten Mittelalter der Tuchindustrie verdankt.

SEHENSWERTES

GUILDHALL OF CORPUS CHRISTI
500 Jahre altes Zunfthaus am Marktplatz mit einer interessanten Ausstellung über die Tuchindustrie. *März–Okt. tgl. 11–17 Uhr | Eintritt £ 4*

PFARRKIRCHE
Die Church of St. Peter and St. Paul (um 1530) ist ein Beispiel prächtiger Spätgotik. Reiche Familien aus dem Ort hatten sie errichten lassen, ihre Wappen sind noch in der Kirche zu sehen.

ESSEN & TRINKEN

THE GREAT HOUSE
Das Ehepaar Crépy aus Frankreich führt das familienfreundliche Restaurant. Dazu gehören fünf Zimmer (mit Himmelbetten). *Market Place | Tel. 01787 24 74 31 | www.greathouse.co.uk | €€–€€€*

ÜBERNACHTEN

MILDEN HALL
Wunderschön gelegen, ökologisch geführt. Drei B-&-B-Zimmer in einem großen, stilvoll möblierten Bauernhaus. *An der B 1115 nahe Milden, 9 km südl. von Lavenham | Tel. 01787 24 72 35 | www.thehall-milden.co.uk | €*

NORWICH

AUSKUNFT

TOURIST INFORMATION CENTRE (TIC)
Lady Street | Tel. 01787 24 82 07 | www.discoverlavenham.co.uk

ZIELE IN DER UMGEBUNG

DEDHAM (134 A6) (*M P14*)

Nicht nur die hübschen Fachwerkhäuser und Teestuben locken Besucher nach Dedham (2100 Ew., 26 km). Die Gegend ist auch eine Pilgerstätte für Kunstfans, denn einer der beliebtesten Maler Englands, John Constable, wurde 1776 im Nachbarort *East Bergholt* geboren. Am Fluss Stour entlang führt ein INSIDERTIPP Wanderweg (ca. 30 Min.) nach *Flatford Mill*. Die Mühle gehörte Constables Vater.

LONG MELFORD (134 A6) (*M P14*)

Die Geschäfte an der Hauptstraße machen Long Melford (3500 Ew., 5 km) zu INSIDERTIPP einem Paradies für Antiquitätensammler. Bekannt ist die *Holy Trinity Church,* eine Pfarrkirche mit den Ausmaßen einer großen Kathedrale. Die A 1092 führt zu den schönen Dörfern *Cavendish* und *Clare*.

NORWICH

(134 B3) (*M Q12*) ★ **Im Mittelalter war die Domstadt nach London die zweitgrößte Stadt Englands.**

Heute bietet Norwich mit 170 000 Ew., 52 erhaltenen Kirchen aus dem Mittelalter, dem ältesten und größten Straßenmarkt Englands, mittelalterlichen Gassen und Häusern sowie der modernen Universität einen bunten Mix aus Geschichte, Kultur, Unterhaltung und Kommerz. Um den Marktplatz haben sich etliche Pubs angesiedelt. Es heißt, Norwich habe für jeden Tag des Jahres einen Pub aufzuweisen und für jeden Sonntag des Jahres eine Kirche.

SEHENSWERTES

BURG

Die massive Anlage (1160) thront über der Stadt und ist eines der am besten erhaltenen Beispiele normannischer Militärarchitektur. 700 Jahre diente sie als Gefängnis, heute beherbergt die Burg ein *Archäologisches Museum* und eine *Gemäldegalerie* (englische und niederländische Meister des 17./18. Jh.). Außerdem ist man stolz, die größte Teekannensammlung der Welt zu besitzen. *Mo–Sa 10–17, So 13–17 Uhr | Eintritt £ 6,60*

DRAGON HALL

Prächtige mittelalterliche Architektur: das Haus eines Kaufmanns wurde 1430 erbaut. *April–Okt. Mo–Fr 10–17, So 11–16 Uhr | 115–123 King Street | Eintritt £ 5 | www.dragonhall.org*

ELM HILL

Der mittelalterliche Straßenzug war Wohnsitz aller Bürgermeister Norwichs und ist heute Zentrum des Antiquitätenhandels. Hier befindet sich das Gasthaus *Briton Arms,* in dem ursprünglich Nonnen wohnten. Beachtenswert ist auch das Gebäude der Kunstschule, eines der wenigen Klöster, das nicht von König Heinrich VIII. zerstört worden ist. Die Stadt hatte es ihm für £ 80 abgekauft.

KATHEDRALE

Die prächtige normannische Kathedrale wurde 1096 begonnen und in nur 50 Jahren errichtet. Durch die vergleichsweise kurze Bauzeit zeigt sich das Gebäude in einheitlichem Stil. Langhaus und Chor erhielten im 15. Jh. reiche spätgotische Netzgewölbe. Zum Morgen- und Abend

DER OSTEN

gebet singt der Kathedralchor. Besichtigen Sie auch den Kreuzgang, den größten Englands, und den weiträumigen Kathedralbereich mit gut erhaltenen mittelalterlichen Häusern. *Kathedrale tgl. 7.30–18.30 Uhr | www.cathedral.org.uk*

SAINSBURY CENTRE ●

Sir Norman Foster, Architekt der Reichstagskuppel in Berlin, entwarf das Gebäude auf dem Campus der 1961 entstandenen University of East Anglia. Es beherbergt eine bemerkenswerte Sammlung von über 1200 Einzelstücken der Supermarktmillionäre Lord und Lady Sainsbury: Werke von Pablo Picasso, Edgar Degas, Alberto Giacometti und Henry Moore sowie Kunstwerke verschiedener Kulturen aus über 1000 Jahren. Im Sommer wechselnde Ausstellungen. *Di–So 10–17 Uhr | University of East Anglia | Earlham Road | Eintritt frei | www.scva.org.uk*

ESSEN & TRINKEN

INSIDER TIPP ADAM AND EVE
Gutes Bier und vorzügliche Pub-Küche in der ältesten Kneipe der Stadt. Das Haus aus dem 13. Jh. ist gemütlich eingerichtet und familienfreundlich. *17 Bishopsgate | Tel. 01603 66 74 23 | €*

EINKAUFEN

Norwich gehört zu den nettesten Shoppingstädten Englands. Individuelle Modegeschäfte sind z. B. in den *Norwich Lanes (abseits der Straße Pottergate)* und am *Timberhill* zu finden.

ROYAL ARCADE
Früher Haltestelle für Postkutschen aus London, heute elegante Einkaufspassage. **INSIDER TIPP** Der *Mustard Shop* (Senfladen; *Nr. 15*) ist eine Fundgrube für ausgefallene Mitbringsel.

Ein filigranes Kunstwerk ist das Netzgewölbe in der Kathedrale von Norwich

FREIZEIT & SPORT

BOOTSFAHRT
Ausflug auf dem River Wensum durch die Stadt oder zu den Broads ab dem Kai am Elm Hill oder am Bahnhof. *Mehrere Abfahrten tgl. | Tel. 01603 70 17 01 | £ 6–13 | www.cityboats.co.uk*

NORWICH

AM ABEND

GEISTERFÜHRUNGEN
Die Briten lieben Geistergeschichten, daher beginnt Mo–Do um 19.30 Uhr am Pub Adam and Eve am Bishopsgate eine Führung in die Gruselgeschichte von Norwich. *£ 6 | www.ghostwalksnorwich.co.uk*

THE WATERFRONT
Großer Club auf zwei Etagen mit Cafébar, Betreiber ist der Studentenverein. *Clubabende Fr, Sa, Livemusik an anderen Tagen | Tel. 01603 50 80 50 | www.waterfrontnorwich.com*

ÜBERNACHTEN

THE OLD RECTORY
In dem Pfarrhaus von 1830 wird man mit gutem Essen verwöhnt. *13 Zi. | 7 km nördl. der Stadt an der B 1150 | North Walsham Road | Tel. 01603 73 85 13 | www.oldrectorycrostwick.com | €€*

WENSUM GUEST HOUSE
Gepflegtes Haus mit Gratis-WLAN, die Stadtmitte ist zu Fuß gut erreichbar. *9 Zi. | 225 Dereham Road | Tel. 01603 62 10 69 | www.wensumguesthouse.co.uk | €*

AUSKUNFT

TOURIST INFORMATION CENTRE (TIC)
Ausgangspunkt für geführte Stadttouren (z. B. Sa 14 Uhr). *The Forum | Millennium Plain | Tel. 01603 21 39 99 | www.visitnorwich.co.uk*

ZIELE IN DER UMGEBUNG

BURNHAM THORPE (134 A2) (*M P11*)
Für Liebhaber der Seefahrt und Bewunderer des berühmten Admiral Nelson ist dieser Abstecher ein besonderer Höhepunkt. Am 29. September 1758 wurde Horatio Nelson in Burnham Thorpe (50 km nordwestl.) geboren. Im Zentrum des idyllischen Dorfs befindet sich der *Lord Nelson Pub (tgl. 12–15, 18–23 Uhr),* wo vor der Schlacht von Trafalgar das Abschiedsfest gefeiert wurde. Im Wald liegt die Kirche *All Saints.* Das Schiffskreuz, das während des Zweiten Weltkriegs auf der „Nelson" war, wurde 1955 anlässlich des 150. Jahrestags der Schlacht von Trafalgar der Kirche übergeben. *Houghton Hall (Ostern–Sept. Mi, Do, So 13.30–17 Uhr | Tel. 01485 52 85 69 | Eintritt £ 9 | www.houghtonhall.com)* ist ein prächtiger Herrensitz aus dem 18. Jh. (12 km südwestl.).

KING'S LYNN (133 E3) (*M O11*)
King's Lynn (42 000 Ew., 71 km) ist eine historische Hafenstadt mit vielen Sehenswürdigkeiten. Durch den Handel mit den Niederlanden, den deutschen Hansestädten und Skandinavien wurden die Kaufleute von Lynn reich. Zeugnisse dieser wirtschaftlichen Blütezeit sind heute noch zu bewundern, so etwa die

DER OSTEN

Kirche *St. Margaret's*, die beiden Rathäuser *Trinity Guildhall* und *Guildhall of St. George* sowie das elegante *Zollhaus*. Die besten Übernachtungsmöglichkeiten liegen nördlich an der Küste. So bietet z. B. INSIDER TIPP ▶ **The Lifeboat Inn** sehr gute Meeresfrüchte und 13 gemütliche Zimmer mit Hafenblick *(Thornham | Tel. 01485 5122 36 | www.lifeboatinn.co.uk | €€–€€€)*.

NORFOLK BROADS ★
(134 B–C3) (ΩΩ Q–R 11–12)

Die Seenplatte entstand, als sich die riesigen Torfgruben, die im 12. Jh. ausgehoben worden waren, mit Wasser füllten. Der Nationalpark Norfolk Broads zählt zu den größten Feuchtgebieten Englands und ist ein Paradies für Vogelfreunde. Zentrum der Broads ist das touristische *Wroxham* (12 km). Hier können Sie Boote aller Art mieten und die 180 km Wasserwege und die 12 großen und 30 kleineren Seen *(broads)* durchschippern. Mit einem ● solarbetriebenen Boot für zwölf Personen werden umweltfreundliche Touren um den geschützten *Barton Broad*, den zweitgrößten See der Gegend, angeboten *(Juni–Sept. tgl. | Tel. 01603 78 22 81)*. In den Broads liegen viele entzückende Dörfer, *Horning* z. B. mit typischen Fischgrätenfachwerkhäusern, dem *Teahouse* und dem *New Inn*, dem ältesten Pub der Gegend. *www.enjoythebroads.com*

SANDRINGHAM HOUSE
(133 E2) (ΩΩ P11)

Königin Victoria kaufte 1862 das Anwesen (55 km nordwestl.) und den Garten mit seltenen Bäumen für ihren Sohn, den späteren König Edward VII. Noch heute verbringt die königliche Familie die Weihnachtsfeiertage hier. In der übrigen Zeit dürfen Touristen sich an Sandringham erfreuen. *Mitte April–Okt. (Änderungen möglich, wenn die Queen anwesend ist) tgl. 11–17 Uhr | Eintritt £ 11,50 | Tel. 01485 54 54 08 | www.sandringhamestate.co.uk*

Auf königlichen Spuren wandeln Besucher in und um Sandringham House

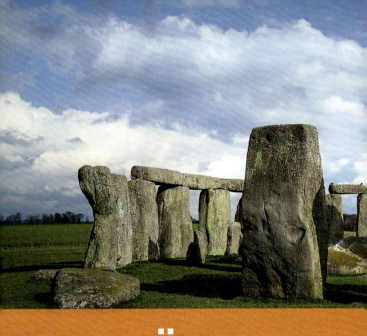

Bild: Stonehenge

DER SÜDEN

Abgelegene Buchten mit feinem Sandstrand, ein 900 km langer Wanderpfad entlang der Küste, malerische Fischerdörfer und endlos anmutende, menschenleere Weiten. Englische Landschaften, wie sie im Buche stehen, erwarten Sie im Süden des Lands.

Das Klima in der Region, vor allem im äußersten Westen, in Cornwall, ist selbst im Winter sehr mild. Eine perfekte Voraussetzung für die englische Gartenleidenschaft, die hier vor mehr als hundert Jahren ihren Anfang nahm. Damals brachten die Viktorianer Pflanzen aus China und Japan mit, um eine kornische Riviera zu schaffen. Darüber hinaus gibt es in Südengland viele bemerkenswerte Städte wie das elegante Bath und den historischen Wallfahrtsort Canterbury. Wer es eher modern liebt mit viel Nachtleben, dem sind die Seebäder Brighton, Bournemouth und die alte, sich nun stark verjüngende Hafenstadt Bristol zu empfehlen. Mehr Infos finden Sie im MARCO POLO Band „Cornwall und Südengland".

BATH

(126 C3) *(Ø J16)* ★ **Die Römer kamen wegen der Thermalquellen in die Stadt (86 000 Ew.) am Fluss Avon, bauten phantastische Bäder und einen Tempel.** Als sie Bath verließen, verfiel die Stadt um erst im 18. Jh. wieder zu erwachen als sie zum Lieblingsort des englischen Adels avancierte. Als Bad verlor Bath im

Von Dover bis Land's End locken beeindruckende Kulturzeugnisse, saubere Sandstrände und lange Partynächte

19. Jh. seine Bedeutung. Dies änderte sich erst 2006 mit der Eröffnung des neuen Spas unweit der alten römischen Bäder.

SEHENSWERTES

BATH ABBEY
Hier wurde 973 der erste englische König, Edgar I., gekrönt. Spektakulär ist das Fächergewölbe, wunderschön die großen Fenster. *Abbey Square | www.bathabbey.org*

ROMAN BATHS MUSEUM
Überbaute römische Bäderanlage, die zwischen dem 1. und 4. Jh. genutzt wurde. Täglich fließen über 1 Mio. Liter heißes Wasser aus der Thermalquelle. *Tgl. 9–17, Juli–Aug. 9–21 Uhr | neben der Abbey | Eintritt £ 12 | www.romanbaths.co.uk*

ESSEN & TRINKEN

THE PUMP ROOM
Trinken Sie in herrlichem Ambiente Tee, und lauschen Sie der Pianomusik. Das

BATH

Entspannung im Roof-Top-Pool des Thermae Bath Spa mit Blick auf Bath Abbey

Quellwasser verspricht ein langes Leben. *Abbey Courtyard | Tel. 01225 44 44 77 | €€*

FREIZEIT & SPORT

THERMAE BATH SPA •
Aufwendiges Thermalbad, in teils historischen Gemäuern, teils hypermoderner Architektur. Breites Wellnessangebot und Open-Air-Rooftop-Pool! *Bäder tgl. 9–21, Besucherzentrum 10–17 Uhr | Hot Bath Street | Tel. 0844 8 88 08 44 | www.thermaebathspa.com*

ÜBERNACHTEN

DUKES HOTEL
Altes, liebevoll restauriertes Hotel im georgianischen Stil im Zentrum von Bath. *17 Zi. | Great Pulteney Street | Tel. 01225 78 79 60 | www.dukesbath.co.uk | €€*

AUSKUNFT

TOURIST INFORMATION CENTRE (TIC)
Abbey Church Yard | Tel. 0906 7 11 20 00 | www.visitbath.co.uk

ZIELE IN DER UMGEBUNG

BRISTOL (126 C2) (*J16*)
Die größte Stadt (400 000 Ew., 25 km) im Südwesten hat eine lange Tradition im Atlantikhandel. Bemerkenswert die *Clifton Suspension Bridge* (1863–1864) des Ingenieurs Isambard Kingdom Brunel, der auch den ersten Transatlantikdampfer der Welt baute: die *SS*

DER SÜDEN

Great Britain (tgl. 10–17.30, Nov.–März bis 16.30 Uhr | Gas Ferry Road | Eintritt £ 12,50 | www.ssgreatbritain.org). Die Sanierung des einst heruntergekommenen ● Hafenviertels mit Galerien, Geschäften und Gastronomie ist gelungen: Bristol präsentiert stolz eine pulsierende Musik- und Medienszene. Einen guten Überblick über die Entwicklung der Stadt gibt das *Museum M Shed (Di–So 9–17 Uhr | Wapping Road | Eintritt frei | www.mshed.org)*. Nett sind **INSIDER TIPP** Rundfahrten mit den *Hafenlinienbooten (tgl. 10.30–18 Uhr | ab Millennium Square | ab £ 1 | www.bristolferry.com)*. Auskunft: TIC | E Shed | Tel. 0906 7112191 | www.visitbristol.co.uk

LONGLEAT HOUSE (126 C4) (*J16*)

Berühmtes Anwesen (30 km südöstl., 16. Jh.) mit einer großen Gemälde- und Porzellansammlung. Zum Familiensitz des Marquess of Bath gehören ein Safaripark mit Löwen und Tigern sowie ein Heckenlabyrinth. *Ostern–Mitte Okt. tgl. 10–17 Uhr | Eintritt Haus und Park £ 12,90, Safaripark £ 26 | www.longleat.co.uk*

STONEHENGE ★ (127 D4) (*K16*)

Die zwei konzentrischen Steinkreise (55 km) sind das beeindruckendste prähistorische Monument Englands. Über die Bedeutung der Steine wird bis heute gerätselt: Dienten sie als Observatorium oder Opferstätte? Die Steine des inneren Kreises wurden zwischen 2500 und 1600 v. Chr. aus dem 385 km entfernten Wales herangeschafft. *Tgl. 9.30–18, Okt.–März bis 16 Uhr | Eintritt £ 7,50 | www.stonehenge.co.uk*

WELLS (126 B4) (*H16*)

Die kleinste Kathedralenstadt (9400 Ew., 25 km) Englands konnte sich ihren mittelalterlichen Charakter bewahren. Hauptsehenswürdigkeit ist die gotische *Kathedrale (tgl. 7-19 Uhr, Okt–März bis 18 Uhr | www.wellscathedral.org.uk)*, die 300 Statuen an der Fassade aus dem 13. Jh. zieren. Einmalig ist die *Vicar's Close*, eine komplett erhaltene Straße mit Wohnhäusern von 1348 – die älteste noch existierende Reihenhaussiedlung Großbritanniens.

MARCO POLO HIGHLIGHTS

★ **Bath**
Das Kurbad mit seinen Thermalquellen, in denen schon die Römer Heilung suchten, ist die einzige Stadt des Lands, die als Ganzes zum Weltkulturerbe zählt → S. 78

★ **Stonehenge**
Die 4000 Jahre alten Steinkreise geben nach wie vor Rätsel auf → S. 81

★ **Kathedrale**
Canterburys Kathedrale ist historischer Wallfahrtsort und Sitz des Oberhaupts der anglikanischen Kirche → S. 83

★ **British Museum**
Die altehrwürdige Museumsinstitution in London zeigt Schätze aus vielen Kulturen, darunter auch den Stein von Rossetta → S. 86

★ **Tate Modern**
London besitzt mit der Tate eine der weltbesten Sammlungen moderner Kunst → S. 86

★ **St. Ives**
Das ehemalige Fischerdorf im äußersten Westen Cornwalls kann mit den schönsten Stränden Englands und einer hohen Künstlerdichte aufwarten → S. 90

BRIGHTON

Ein Hauch Orient am Pier von Brighton: Früher kam der Adel, heute die Londoner Partypeople

BRIGHTON

(128 C5) (*N17*) Früher Lieblingsort des Adels, ist das alte Seebad (188 000 Ew.) heute beliebtes Ausflugsziel der Londoner (50 Min. Fahrt) und Szenetreff für partyhungrige Jugendliche.

SEHENSWERTES

BRIGHTON PIER
Die berühmte Seebrücke (1899, früher *Palace Pier*) mit vielen Karussells und Spielautomaten bildet den Mittelpunkt der 8 km langen Strandpromenade. Sie ist die einzige noch vollständig erhaltene Seebrücke des Orts. Eine zweite, das West Pier, brannte 2003 teilweise nieder und stürzte zudem in Abschnitten ein.

ROYAL PAVILION
Der verspielte Prunkbau (1815–1822) scheint direkt aus Indien eingeflogen worden zu sein. Hofbaumeister John Nash zollte damit der damaligen Orientschwärmerei Tribut. Tgl. 9.30–17.45, okt.–März 10–16.30 Uhr | Eintritt £ 9,80

ESSEN & TRINKEN

INSIDER TIPP ▶ THE REAL EATING COMPANY
Mit leckeren Gerichten, die mit Bioerzeugnissen von örtlichen Bauernhöfen zubereitet werden, macht das Restaurant (plus Feinkostgeschäft) von sich reden. Die ultimativ beste Adresse Brightons zum Frühstücken oder um sich für ein Strandpicknick einzudecken. Auch Abendessen *(Di–Sa bis 23 Uhr). 18 Cliffe Street | Lewes | Tel. 01273 40 26 50 | www.real-eating.co.uk | €€*

ÜBERNACHTEN

ADELAIDE HOTEL
Gehobenes B & B mit liebevoll eingerichteten Zimmern in einem eleganten Stadtteil von Brighton. *13 Zi. | 51 Regency Square | Tel. 01273 20 52 86 | www.adelaidehotel.co.uk | €€*

DER SÜDEN

ZIEL IN DER UMGEBUNG

CHARLESTON FARMHOUSE
(129 D5) (*O17*)
Ein Mekka für Bloomsbury-Pilger (25 km nordöstl.): Verehrer der literarischen Gruppe um Virginia Woolf finden das von der Künstlerfamilie eigenhändig verzierte Haus im Urzustand vor. *April–Okt. Mi–So 13–17 Uhr | Eintritt £ 9 | www.charleston.org.uk*

CANTERBURY

(129 E3) (*Q16*) **Canterbury ganz im Südosten der britischen Insel ist perfekt, um nach einer Anreise per Fähre das erste Mal britische Kleinstadtluft zu schnuppern. Die Fußgängerzone ist ein beliebtes Ziel bei Shoppingfreunden.**

Die größte Sehenswürdigkeit der mittelalterlichen Stadt (38 000 Ew.) ist die Kathedrale. Sie besitzt für die anglikanische Kirche die gleiche Bedeutung wie der Petersdom für die katholische. Zentrum der Verehrung sind die Reliquien des 1173 heiliggesprochenen Märtyrers Thomas Becket. Die Stadt ganz im Südosten der britischen Insel ist perfekt, um nach einer Anreise per Fähre die erste britische Kleinstadtluft zu schnuppern. Die Fußgängerzone ist ein beliebtes Ziel unter Shopping-Freunden.

INSIDER TIPP ▶ TILTON HOUSE
Hier ist die Ruhe zu Hause. In dem idyllischen B&B, 20 Autominuten von Brighton entfernt, finden regelmäßig Lesewochenenden statt, bei denen sich alles um Bücher dreht. *7 Zi. | Firle | Tel. 01323 81 15 70 | www.tiltonhouse.co.uk | €€*

AM ABEND

Die Szene in Brighton ist schnelllebig. Aktuelle Informationen: *whatson.brighton.co.uk* sowie im Stadtmagazin „The Source".

OCEANA
Noch relativ junger Club im Zentrum Brightons, der gleich mehrere Bars und Diskotheken bietet. *Tgl. 20–3 Uhr | 1 West Street | www.oceanaclubs.com*

AUSKUNFT

TOURIST INFORMATION CENTRE (TIC)
4–5 Pavilion Buildings | Tel. 01273 29 03 37 | www.visitbrighton.com

SEHENSWERTES

KATHEDRALE ★ ●
Über Canterbury kam 597 der erste Missionar aus Rom nach England, seit 602 steht hier eine Kathedrale. Ab 1070 wurde sie neu erbaut, 1505 vollendet. Der Erzbischof von Canterbury ist der Primas der anglikanischen Kirche. Nur er darf die englischen Monarchen krönen. Der älteste erhaltene Teil ist die Krypta.

CANTERBURY

Zu den größten Schätzen europäischer Glasmalerei zählen die mittelalterlichen Fenster (1170). In einer Seitenkapelle, dem Martyrium, wurde Thomas Becket auf Befehl Heinrichs II. ermordet. *Mo–Sa 9–17, So 12.30–14.30 Uhr | Eintritt £ 9,50*

NORMAN CASTLE
Die Ruinen des normannischen Schlosses grenzen an die Stadtmauer von Canterbury. Erbaut wurde es um 1070 von Wilhelm dem Eroberer. Am Eingang zur Gas Street steht ein 3-D-Modell aus der Zeit, als der Komplex noch intakt war. *Gas Street | frei zugänglich*

ESSEN & TRINKEN

INSIDER TIPP ▸ THE GOODS SHED
Originelles Ambiente im alten Lokschuppen neben einem Markt. Moderne britische Küche mit Zutaten, die direkt vom Erzeuger stammen. *Station Road West | Tel. 01227 45 91 53 | €–€€*

ÜBERNACHTEN

HARRIET HOUSE ●
Komfortables B & B, das auch für Vegetarier und Veganer das passende Frühstück bereithält. Ein kurzer Spaziergang am River Stour führt in die Stadtmitte. *5 Zi. | 3 Broad Oak Road | Tel. 01227 45 73 63 | www.harriethouse.co.uk | €*

AUSKUNFT

TOURIST INFORMATION CENTRE (TIC)
12–13 Sun Street | Tel. 01227 37 81 00 | www.canterbury.co.uk

ZIELE IN DER UMGEBUNG

DOVER CASTLE (129 F4) (*M Q16*)
Seit der Römerzeit steht eine Festung an dieser Stelle. Erhalten ist die ✱ Burg der 1180er-Jahre. Von hier haben Sie einen großartigen Blick über den Kanal. Unterhalb der Festung ist ein weit verzweigtes, in die weithin leuchtenden ● weißen Klippen von Dover gegrabenes Labyrinth zu besichtigen, das noch im Zweiten Weltkrieg benutzt wurde. *Tgl. 10–18, Okt.–März 10–16 Uhr | Eintritt £ 16 inkl. Führung*

LEEDS CASTLE (129 E3) (*M P16*)
Auf zwei Inseln inmitten eines Sees steht ein märchenhaftes Schloss (40 km südwestl.). König Heinrich VIII. ließ die Festung aus dem 9.Jh. zum Palast umbauen. *Tgl. 10–18, Okt.–März bis 17 Uhr | Eintritt £ 18,50 | www.leeds-castle.com*

RYE (129 E5) (*M P17*)
Mit seinen blumengeschmückten Häusern im Tudorstil gehört Rye (5400 Ew., 45 km südwestl.), das im Sommer etwas überlaufen ist, zu den hübschesten Städtchen Englands. Wunderbar flanieren

www.marcopolo.de/england

DER SÜDEN

können Sie in der Market Street, Watchbell Street und Mermaid Street. Schauen Sie danach im *Mermaid Inn (Mermaid Street)* vorbei, einst Schmugglertreff, noch heute mit hauseigenem Geist.

LONDON

KARTE IM HINTEREN UMSCHLAG
(128 B–C 2–3) (ℳ N–O 15–16) London ist eine Stadt, die nie ganz zu ergründen ist. Nicht nur weil sie so groß ist und eigentlich aus vielen kleinen Stadtteilen besteht, die unabhängig voneinander existieren.

Sondern auch, weil die Acht-Millionen-Metropole auf eine lange Geschichte zurückblickt, die bis heute lebendig ist. Gleichzeitig ist alles sehr modern. Berühmte Designer kommen aus der Stadt an der Themse, in London entsteht immer wieder Popmusik von Weltrang, und auch zum Clubbing ist die Stadt wunderbar. Die vielfältigen Einflüsse aus aller Herren Länder lassen London zum Erlebnis werden. Setzen Sie sich in einen der roten Doppeldeckerbusse und lassen Sie sich treiben. Gehen Sie nach Covent Garden, dann zum Leicester Square und nach Soho. Überall ist etwas los, die Leute sitzen draußen, es wird Theater gespielt und Musik gemacht. Mehr Infos im MARCO POLO Band „London".

> **WOHIN ZUERST?**
> Tauchen Sie ein in das lebendige Westend rund um **Piccadilly Circus, Oxford Street** und **Regent Street (U A–B 2–3)** *(ℳ a–b 2–3)*, dem Mekka für Einkaufshungrige, das mit der U-Bahn (Oxford Circus oder Piccadilly Circus) schnell zu erreichen ist. Auf das Auto sollten Sie allein wegen der wochentags fälligen Innenstadtmaut verzichten.

Direkt an der Themse liegt der neugotische Westminster-Palast, in dem das britische Parlament tagt

LONDON

SEHENSWERTES

BRITISH MUSEUM ★ ● (U C2) (📖 c2)
Das Museum besitzt Objekte von Weltruhm wie die Elgin Marbles, die den Parthenon in Athen schmückten, und den Stein von Rosetta, der die Entzifferung der Hieroglyphen ermöglichte. Für eine Pause empfiehlt sich das INSIDERTIPP Dachrestaurant im Great Court über dem berühmten Lesesaal, in dem schon Karl Marx studierte. *Sa–Do 10–17.30, Fr bis 20.30 Uhr | Great Russell Street | Eintritt frei | www.thebritishmuseum.ac.uk*

LONDON EYE ☀ (U C4) (📖 c4)
Eines der größten Riesenräder der Welt, direkt am Themse-Ufer: In gläsernen Kapseln sitzend können Sie 30 Minuten lang den Blick über London schweifen lassen. *Tgl. 10–20.30, Juni–Sept. bis 21 Uhr | Jubilee Gardens | South Bank | Eintritt £ 17,95 (Rabatt bei Online-Buchung) | www.londoneye.com*

SHAKESPEARE'S GLOBE THEATRE AND EXHIBITION (U E3) (📖 e3)
In einer Ausstellung und bei Führungen werden der Nachbau von Shakespeares Theater (1599) und seine Theaterstücke erklärt. *Tgl. 10–17 Uhr | New Globe Walk Bankside | Eintritt £ 12,50 | Kartenreservierung für Aufführungen Tel. 020 74 01 99 19 | www.shakespeares-globe.org*

SOMERSET HOUSE (U C3) (📖 c3)
Einst Finanzamt, heute Heimat der hochkarätigen Gemälde der Courtauld Gallery. Der Innenhof ist eine Oase in der lärmenden City mit einer Winterattraktion: Schlittschuhlaufen im Fackelschein. *Tgl. 10–18 Uhr | Strand | Waterloo Bridge | Eintritt Hof frei, £ 6 für die Galerie*

TATE MODERN ★ (U E3) (📖 e3)
Die Sammlung internationaler moderner Kunst seit 1900 ist nach dem British Museum die größte Attraktion der Metropole – nicht zuletzt auch wegen des phantastischen Ausblicks vom ☀ Obergeschoss des ehemaligen Kraftwerks). *So–Do 10–18, Fr/Sa 10–22 Uhr | Bankside Power Station | Eintritt frei | www.tate.org.uk/modern.*

Das INSIDERTIPP Tate Boat (£ 5,50) bringt Sie schnell über den Fluss zum

Shoppinginstitution seit 1875: Liberty in der Conduit Street

www.marcopolo.de/england

DER SÜDEN

London Eye und zur *Tate Britain*, der Nationalsammlung britischer Kunst.

WESTMINSTER ABBEY (U C4) (*m c4*)
In dem herrlichen gotischen Bauwerk fanden Krönungszeremonien, Hochzeiten und Beerdigungen vieler britischer Monarchen statt. Sehenswert: die Kapelle Heinrichs VII. *Mo–Fr 9.30–15.30, Mi bis 18, Sa 9.30–14.30 Uhr | Broad Sanctuary | Eintritt £ 15*

ESSEN & TRINKEN

INSIDER TIPP THE TRAFALGAR HOTEL
(U C3) (*m c3*)
Dachgarten mit Ausblick direkt am Trafalgar Square, dem größten öffentlichen Platz Londons mit dem Denkmal Admiral Nelsons. Prosten Sie dem Admiral mit einem Drink zu ... *2 Spring Gardens | Tel. 020 78 70 29 00 | www.thetrafalgar.com | €€€*

EINKAUFEN

CONDUIT STREET (U B3) (*m b3*)
Die Straße zwischen Regent Street und Bond Street ist die Adresse für jugendliche Designermode. Das in einem Tudor-Gebäude untergebrachte Kaufhaus *Liberty (Ecke Regent Street/Great Marlborough Street)* steht seit 1875 für Mode und Wohnungseinrichtung in altenglischem Stil.

JERMYN STREET (U B3) (*m b3*)
Eine beschauliche Straße, in der zahlreiche Hoflieferanten beheimatet sind, u. a. das altehrwürdige Käsegeschäft *Paxton & Whitfield (Jermyn Street 93)*.

ÜBERNACHTEN

LANGHAM HOTEL (U A2) (*m a2*)
Eine Legende unter Londons Hotels: Der große Langham-Komplex eröffnete 1865 an der Regent Street. Heute hat es äußerlich seinen traditionellen Charme bewahrt, ist aber innen auf den neusten, weiterhin sehr luxuriösen Stand gebracht worden und auch zum ● *afternoon tea* einen Besuch wert. *380 Zi. | 1c Portland Place/Regent Street | london.langhamhotels.co.uk | €€€*

THINK APARTMENTS TOWER BRIDGE (U F4) (*m f4*)
Vor allem für Familien eine Alternative zum klassischen Hotel: Die modernen Apartments sind in einem alten Industriekomplex nahe der Tower Bridge untergebracht und bieten viel Komfort wie eine voll ausgestattete Küche, Fernsehen und WLAN. *331 Ap. | 4 Maltings Place | Tel. 0207 3 67 63 00 | www.think-apartments.com | €€–€€€*

LOW BUDGET

▶ Selbst fangen: Die Restaurants in Brighton haben Preise wie in London. Eine super Alternative: Angeln Sie selber Makrelen bei einem Bootsausflug ab Brighton Marina (£ 20 inkl. Ausrüstung), kaufen Sie einen billigen Einmalgrill, und essen Sie am Strand. *Tel. 07958 24 64 14 | www.watertours.co.uk*

▶ Bahn und Bus in London: Einzelfahrten sind teuer. Erwerben Sie vor Ort an U-Bahn-Stationen, in Zeitungsläden oder noch besser vor der Reise nach England *(www.visitbritaindirect.com)* eine *Oyster Card* für stark verbilligte Fahrten: £ 3 Pfand, aufladbar vor der Reise und vor Ort an Automaten in jeder U-Bahn-Station mit Beträgen ab £ 10.

PORTSMOUTH

AUSKUNFT

BRITAIN AND LONDON VISITOR CENTRE (U B3) (*M b3*)
1 Regent Street | Piccadilly Circus | Tel. 08701 56 63 66 | www.LondonTown.com, www.visitlondon.com

ZIEL IN DER UMGEBUNG

WINDSOR/ETON (128 B2) (*M M15*)
Schloss Windsor (40 km) ist das markanteste Symbol der britischen Monarchie. Durch den Namenswechsel der königlichen Familie 1917 von Sachsen-Coburg-Gotha zu Windsor wurden der Ort (31 000 Ew.) und das Schloss noch populärer. Interessant ist die *St. George's Chapel* mit den Grabsteinen der letzten zehn Monarchen. Hauptattraktion sind die 16 *State Apartments* (nur in Abwesenheit der Queen zu besichtigen, 17. Jh.) und die *State Gallery* (Gemälde, Möbel, *tgl. 9.45–16, Nov.–Feb. bis 15 Uhr | Eintritt £ 16,50 | www.windsor.gov.uk*).

Am anderen Themse-Ufer befinden sich der Ort *Eton* und das berühmte *Eton College*. 1440 von Heinrich VI. gegründet, um 70 arme Jungen auf Kirchenämter vorzubereiten. Bis heute bekommen 70 Knaben aus dem Volk ein Stipendium, der Rest zahlt. 18 Premierminister sind hier zur Schule gegangen, ebenso Prinz Harry. Geführte Touren, Schulmuseum. *Schulzeit Mi, Fr–So 14 u. 15.15 Uhr, Ferien tgl. | Eintritt £ 6,50 | Tel. 01753 67 11 77 | www.etoncollege.com/visitstoeton.aspx*

PORTS-MOUTH

(127 F5) (*M M18*) **Die alte Hafenstadt (190 000 Ew.) erlebt eine wahre Renaissance. Mehrere Millionen Pfund wurden investiert, um das Hafenviertel Gunwharf Quays komplett zu sanieren.** Hier laden nun Designershops, Restaurants und ein Multiplexkino zum Verweilen ein. Im Ostteil, in Southsea (Kieselstrand), ersann übrigens Arthur Conan Doyle die Figur des Sherlock Holmes.

SEHENSWERTES

HISTORIC DOCKYARD
Hauptsehenswürdigkeit ist die *H.M.S. Victory* (1765 gebaut), mit der Admiral Nelson 1805 bei Trafalgar siegte. Das berühmte Flaggschiff (60 m lang) ist mit fünf Decks und 104 Kanonen ausgestattet. *Tgl. 10–16.30 Uhr | Eintritt £ 21,50 | www.historicdockyard.co.uk*

INSIDER TIPP ▶ SPINNAKER TOWER
Das 170 m hohe Gebäude bietet einen atemberaubenden Blick auf Hafen und Meer von drei Aussichtsplattformen. Achtung: Glasboden! *Tgl. 10–18 Uhr | Eintritt £ 8 | www.spinnakertower.co.uk*

ESSEN & TRINKEN

TIGER, TIGER
Das Tiger, Tiger vereint Bars, Restaurant und Tanz. Alles von 12 bis 2 Uhr morgens. *Gunwharf Quays | Tel. 02392 88 22 44 | www.tigertiger.co.uk | €*

ÜBERNACHTEN

SAILMAKERS' LOFT
Wunderbarer Blick über den Hafen. *4 Zi. | 5 Bath SquareOld Portsmouth | Tel. 02392 82 30 45 | www.sailmakersloft.org.uk | €*

AUSKUNFT

TOURIST INFORMATION CENTRE (TIC)
The Hard | Tel. 02392 82 67 22 | www.visitportsmouth.co.uk

DER SÜDEN

ZIELE IN DER UMGEBUNG

BOURNEMOUTH (127 D6) (*K18*)
Bournemouth (265 000 Ew., 60 km) gilt vielen als das schönste der britischen Seebäder. Es kann mit 10 km feinem ● Sandstrand und Auszeichnungen für die beste Wasserqualität und die bes-

TIC | Westover Road | Tel. 0845 0 511700 | www.bournemouth.co.uk

ISLE OF WIGHT (127 E–F6) (*L–M18*)
Die Insel (125 000 Ew., 15 km) ist England im Kleinformat, mit charaktervollen Städten und 40 km sauberem Strand. Der einzige Unterschied: Es ist meist et-

Die Isle of Wight bietet ganz unterschiedliche Küstenbilder, berühmt sind die Kreidefelsen

ten Strände aufwarten. Lange Zeit galt Bournemouth, bekannt für seine Parks, die guten Hotels und Restaurants, das *Pavilion Theatre* und ein eigenes Sinfonieorchester, als der ideale Ort für einen geruhsamen Lebensabend. Mittlerweile macht jedoch die Partyszene von Bournemouth sogar Brighton Konkurrenz, sodass außer Sprachschülern aus aller Welt auch Jugendliche mit anderen Interessen hierherkommen. Dementsprechend groß ist das Wassersportangebot von Surfen und Kitesurfen bis Segeln, Wasserski und Jetski. *Auskunft:*

was wärmer, und das Leben ist noch geruhsamer. Von manchen als Rentnerinsel abgetan, soll die Isle of Wight nun als Paradies der Extremsportler propagiert werden: Paragliding, Mountainbiking und Ribbing. In einem Boot mit mächtigem Außenmotor werden die Gäste dabei über die Wellen gejagt. Auch Wandern ist hier herrlich, nachahmenswert z. B. der **INSIDER TIPP** Lieblingsspaziergang des Hofdichters Tennyson im 19. Jh., der heute ab dem Parkplatz Freshwater Bay über Tennyson Down zum Felsenvorsprung *The Needles* mit Küstenblick führt.

ST. IVES

Die meisten Besucher zählt ● *Osborne House (April–Sept. tgl. 10–18, Okt.–März Mi–So 10–16 Uhr | Eintritt £ 11,50)*, einst Sommersitz von Königin Victoria. Das im mediterranen Stil umgebaute Gebäude liegt inmitten eines großen Parks mit dem Swiss Cottage, einer Schweizer Berghütte. *Auskunft: TIC | Cowes | Fountain Quay | Tel. 01983 813813 | www.iwight.com, de.islandbreaks.co.uk*

NEW FOREST (127 E5) (*K–L 17–18*)

Das ehemalige Jagdgebiet (1079 gegründet) ist heute Nationalpark mit Sehenswürdigkeiten wie der Zisterzienserabtei von *Beaulieu* (13. Jh., kunstvolle Lesekanzel im Early-English-Refektorium) und wohlhabenden Orten wie *Lyndhurst* (45 km nordwestl.). Amüsant sind die wild lebenden Ponys, die nicht selten einen Verkehrsstau provozieren. Im *New Forest Museum & Visitor Centre (tgl. 10–17 Uhr | High Street | Lyndhurst | Eintritt £ 3,50 | Tel. 02380 283444)* erfahren Fans von „Alice im Wunderland" alles über das kleine Mädchen Alice Lidell *(www.thenewforest.co.uk)*.

WINCHESTER (127 F4) (*L17*)

Die Kathedralenstadt (50000 Ew., 35 km) war unter den Angelsachsen die Hauptstadt Englands. Hauptsehenswürdigkeit ist die *Kathedrale* (11.–14. Jh.), in der mehrere englische Könige und Jane Austen ihre letzte Ruhestätte haben. In der *Great Hall* von Winchester Castle, der Burg, hängt der *Round Table*, an dem sich die Ritter von König Artus' Tafelrunde der Sage nach versammelt haben. Interessant sind Führungen durch *Winchester College* (1382 gegründet), der ältesten Privatschule des Lands *(Mo–Sa 10.45, 12, Mo, Mi, Fr, Sa, So 14.15 und 15.30 Uhr | Eintritt £ 6)*. *Auskunft: TIC | Guildhall | Broadway | Tel. 01962 840500 | www.visitwinchester.co.uk*

ST. IVES

(124 A5) (*C19*) ★ Seit mehr als hundert Jahren ist das hübsche Fischerdorf **St. Ives (9500 Ew.)** am westlichsten Zipfel von Cornwall mit seinen Gassen und den kleinen Geschäften traditioneller Künstlertreff.

Außerdem hat St. Ives die besten Strände Englands zu bieten, ganze fünf stehen zur Auswahl. Am besten reisen Sie mit der Bahn von Penzance oder St. Erth an – die Strecke der Scenic Railway gilt als eine der schönsten im Land. Das erspart auch die lästige Suche nach einem der äußerst seltenen Parkplätze im Ort.

SEHENSWERTES

HEPWORTH MUSEUM UND SKULPTURENGARTEN

Barbara Hepworth (1903–1975) war eine der bedeutendsten Bildhauerinnen des 20. Jhs. In Haus und Garten wird das Werk der Künstlerin ausgestellt. *Tgl. 10–17 Uhr | Barnoon Hill | Eintritt £ 5,25*

TATE GALLERY

Die Außenstelle der Londoner Galerie mit 1000 Werken der Region und des 20. Jhs. ist ein architektonisches Meisterwerk. *Tgl. 10–17, Nov.–Feb. bis 16 Uhr | Porthmeor Beach | Eintritt £ 6,25 | www.tate.org.uk/stives*

ESSEN & TRINKEN

INSIDER TIPP▶ PORTHMINSTER BEACH CAFÉ

Direkt am Strand mit Blick auf die St.-Ives-Bucht. Fisch und vegetarische Gerichte, alles unter ökologischen Gesichtspunkten hergestellt und von Produzenten vor Ort gekauft. *Porthminster Strand | Tel. 01736 795352 | €€–€€€*

DER SÜDEN

ÜBERNACHTEN

BOSKERRIS HOTEL
Ruhiges, stylishes Hotel mit Blick auf die Bucht vor St. Ives. *15 Zi. | Boskerris Road | Carbis Bay | Tel. 01736 79 52 95 | www.boskerrishotel.co.uk | €€*

LAND'S END (124 A6) (*B20*)
Der westlichste Zipfel der Insel (35 km). Scheren Sie aus aus den Touristenströmen, und laufen Sie auf dem Cornwall Coastal Path zum *Minack Theatre,* einem Freilichttheater, das spektakulär in die Klippen hineingebaut wurde. Die

St. Ives: Urlaubsparadies mit goldgelben Sandstränden und malerischem Fischerhafen

AUSKUNFT

TOURIST INFORMATION CENTRE (TIC)
Guildhall | Street-an-Pol | Tel. 01736 79 62 97 | www.stives-cornwall.co.uk

ZIELE IN DER UMGEBUNG

EDEN PROJECT (124 C5) (*D19*)
Ein Regenwald unter Kunststoffkuppeln (75 km nordöstl.), in dem die Nachhaltigkeit menschlichen Tuns gezeigt wird. *Tgl. 10–18 Uhr | St. Austell | Eintritt £ 22 | Tel. 01726 81 19 11 | www.edenproject.com*

Aufführungen vor dieser Kulisse sind ein Erlebnis! *(Juni–Sept. | Karten: Tel. 01736 81 01 81 | www.minack.com).* Unterkunft: Bosvargus Barn *(3 Zi. | Cheryl Furey | St. Just | Tel. 01736 78 73 56 | www.bosvargusbarn.co.uk | €*

NEWQUAY (124 B4) (*D19*)
Das einstige Fischerdorf am Rand der Steilküste (50 km) ist die unbestrittene Surfhauptstadt Englands, in der Wettkämpfe auf Weltniveau veranstaltet werden. Die sonst ruhige Stadt schwillt im Sommer von 20 000 auf 120 000 Menschen an. *www.visitnewquay.org*

Bild: Lake District

AUSFLÜGE & TOUREN

Die Touren sind im Reiseatlas, in der Faltkarte und auf dem hinteren Umschlag grün markiert

1 NATURERLEBNIS: EINE FAHRT DURCH DEN LAKE DISTRICT

Bei gutem Wetter ist die Rundreise von ca. 120 km ein besonderes Vergnügen. Doch auch an einem trüben Tag ist der Lake District sehenswert. Wenn Sie eine Wanderung um den Wast Water vorhaben und den höchsten Gipfel der Region, den Scafell Pike (978 m), erklimmen möchten, sollten Sie sich für die Tour mindestens zwei Tage Zeit nehmen.

Ausgangspunkt der Fahrt ist das viktorianische **Ambleside** im Zentrum des Lake District, ein im Sommer stark frequentiertes Marktstädtchen.

Von Ambleside fahren Sie westlich ein Stück auf der A 593, danach auf einem Abzweig weiter westlich durch Little Langdale zum **Wrynose Pass.** Auf kurvenreichen Straßen geht es an Bächen vorbei zum **Hardknott Pass** (393 m). Mit 30 Prozent Steigung ist der Weg hinauf der steilste in ganz England. Oben haben Sie bei gutem Wetter eine hervorragende Sicht auf Tal und Berge. Mit etwas Glück ist in der Ferne sogar die Isle of Man zu erspähen. Auf dem Weg ins Eskdaletal kommen Sie auf halber Höhe an den römischen Ruinen des **Hardknott Forts** vorbei. Klettern Sie hinauf, und genießen Sie den Blick übers Land.

Im Tal angelangt, werden Sie rechter Hand die Station der **Ravenglass-&-Eskdale-Schmalspur-Dampflokomotive** sehen. Die älteste noch in Betrieb befindliche Schmalspurbahn Englands bringt

Schnuppern Sie englische Luft: Meeresbrise in Ostengland, Sturmhöhen in Yorkshire, Bergluft im Lake District und den Duft der Docklands

heute Touristen die 11 km bis nach **Ravenglass** *(www.ravenglass-railway.co.uk)*. Früher transportierte sie Eisenerz von den Bergen an die Küste. Mit dem Auto geht es weiter in Richtung Meer. Bei einer Weggabelung stoßen Sie direkt auf einen Pub. Dort fahren Sie nördlich in Richtung Santon Bridge und dann nach **Nether Wasdale** zum **Wast Water.** Mit 260 m ist er der tiefste See Englands. Am Ufer entlang führt INSIDERTIPP eine schöne Wanderung mit Blick auf die Berge (10 km). Am anderen Ende des Wast Water, in **Wasdale Head,** beginnt der Aufstieg zum höchsten Berg Englands, dem **Scafell Pike** (978 m). Auf dem Weg zum Gipfel liegt die Herberge **Wasdale Head Inn** *(Tel. 019467 26229 | www.wasdaleheadinn.com | Übernachtung €€€, Restaurant €€).*

Diejenigen, die auf die Wanderung verzichten, fahren vom See zurück in Richtung Gosforth und von dort aus auf der A 595 über Calder Bridge auf einer abzweigenden Straße nach **Ennerdale Bridge.** Herrliche Ausblicke auf jeder Seite: links das Meer, rechts die Täler. Immer wieder sehen Sie die typischen Schiefermauern, mit denen die Farmer ihr Land abgrenzen. Hinter Lamplugh geht es nach rechts über Loweswater nach But- Derwent Water nach **Keswick → S. 37**. Falls Sie noch Muße haben, sollten Sie ein Stück die A 66 nach Osten entlangfahren und sich den 5000 Jahre alten **Castlerigg Stone Circle → S. 37** ansehen.

2 LITERARISCHE SPURENSUCHE IN BRONTË-COUNTRY

Für diese Wanderung von ca. 15 km sollten Sie einen guten Vormittag einplanen und festes Schuhwerk dabeihaben. Der Weg ist leicht, nur auf dem Stück zum Top Withins geht es ein wenig bergauf. Egal welches Wetter Sie erwischen, Sie werden die Tour genießen und die Brontë-Schwestern und ihre Bücher nach der Wanderung durch Brontë-Land sicher besser verstehen.

Stratford-upon-Avon ist unbestritten der meistbesuchte literarische Ort auf den Britischen Inseln. Doch gleich danach folgt **Haworth,** ein kleiner, hügeliger Ort im Norden Englands, in den Mooren von Westyorkshire. Hier lebten in der Mitte des 19. Jhs. die Brontës, Englands berühmteste Literatenfamilie. Die Bücher der Pfarrerstöchter Charlotte, Emily und Anne sowie ihr früher Tod machten den Ort zur literarischen Pilgerstätte. Auf einer Wanderung durch das im Herbst mit Heidekraut bedeckte Moor von Haworth zum Top Withins lernen Sie die Landschaft kennen, die so bildhaft in den Romanen beschrieben ist. Ausgangspunkt ist das Brontë-Museum in Haworth. Ortsauswärts ist der Weg nach Peninstone Hill (1 km) ausgewiesen. Von dort geht es – ebenfalls gut ausgeschildert – zu den **Brontë Waterfalls.** Die drei Schwestern bezeichneten den schönen Platz als den „Treffpunkt des Wassers", das hier von drei Seiten herabströmt und sich in einem Fluss zusammenfindet. Übersehen Sie nicht den Stein, der an einen Sessel ohne Lehne erinnert und von den

Zeugnis prähistorischer Kultur: der Castlerigg Stone Circle bei Keswick

termere. Am See gelegen, umgeben von den höchsten Bergen der Region und vielen Wasserfällen, ist der Ort ein beliebter Ausgangspunkt für Bergwanderungen. Die Fahrt führt weiter über den **Honister Pass** durch das Borrowdale entlang dem

AUSFLÜGE & TOUREN

Leuten im Ort INSIDER TIPP „Charlottes Stein" getauft wurde. Danach wird die Tour etwas anstrengender. Überqueren Sie die Brontë-Brücke und gehen Sie dann leicht bergauf. Nach gut 6 km Fußmarsch oben angelangt, können Sie den frischen Wind und an schönen Tagen den Ausblick weit über das Haworth-Moor genießen. Die Anhöhe Top Withins soll übrigens Emily Brontë zu ihrem Buch „Sturmhöhen" inspiriert haben.

Zurück geht es abwärts nach Haworth. Viele Sehenswürdigkeiten des Orts stehen in enger Verbindung mit den Brontës, z. B. das Brontë-Museum im Pfarrhaus (tgl. 10–17.30, Okt.–März 11–17 Uhr | Church Street | Eintritt £ 7 | Tel. 01535 64 23 23 | www.bronte.org.uk), das die Brontë-Gesellschaft nach überlieferten Beschreibungen restaurierte. Zwischen dem Pfarrhaus und der Kirche, in der es eine kleine Gedenkstätte für die Familie gibt, befindet sich der Friedhof. Die Grabstätten zeigen, dass nicht allein die Brontë-Familie den viel zu frühen Tod vieler Angehöriger zu beklagen hatte. Es heißt, dass Branwell, der einzige, talentierte, doch erfolglose Sohn der Familie, im Black Bull so manches Glas zu viel getrunken hat. Entlang der kopfsteingepflasterten Straße wird mit den Schwestern Kasse gemacht: Brontë-Bücher, Brontë-Tassen, Brontë-Dufttücher. Gutes Essen und Unterkunft bietet Weavers Restaurant (3 Zi. | Bed & Breakfast | 15 West Lane | Tel. 01535 64 38 22 | www.weaversmallhotel.co.uk | €€). Infos unter www.bronte-country.com

3 EAST ANGLIA: KULINARISCHE KÜSTENTOUR

East Anglia ist unter Touristen trotz seiner schönen Küste, der idyllischen Dörfer und kleinen Städtchen mit den typischen Fachwerkhäusern wenig bekannt. Genießen Sie die Tagestour von etwa 60 km, die meist auf einsamen Nebenstraßen verläuft. Probieren Sie köstlichen Fisch und frische Austern, und lassen Sie sich in vergangene Zeiten zurückversetzen.

Erstes Ziel ist das hinter einem Aufforstungsgebiet versteckte Orford (von der A 12 über Woodbridge in Richtung Küste). Genießen Sie gleich dort Austern und Lachs. Die Pinney-Familie führt die Butley Orford Oysterage (tgl. 12–14.15, abends nur April–Okt. Mi–Sa 18.30–21 Uhr | Tel. 01394 45 02 77 | €€) seit über 50 Jahren. Der Fluss Alde ist reich an Plankton, sodass gute, dicke Austern wachsen. Oder Sie besorgen sich Forelle, Brot und Wein und picknicken am Fluss. Wie wär's nach dem Essen mit einer Segeltour? Vom Hafen aus werden u. a. Touren zum Orford Ness, einer als Naturschutzgebiet bedeutenden Kiesbank (16 km lang), angeboten. Zurück im Dorf besichtigen Sie die 30 m hohe Burg (tgl. 10–16 Uhr | Eintritt £ 5,60) aus dem 12. Jh. Die beste Adresse zum Übernachten ist das Crown and Castle (19 Zi. | Tel. 01394 45 02 05 | www.crownandcastle.co.uk | €€€).

Von Orford geht die Fahrt auf der B 1084 in Richtung Snape Road. Nach Feldern und einsamen Bauernhöfen sehen Sie rechter Hand Snape Maltings, eine umgebaute viktorianische Mälzerei mit modern designten Geschäften, dem Pub-Restaurant Plough and Sail (Tel. 01728 68 83 03 | www.snapemaltings.co.uk | €–€€) und Ferienwohnungen. Auf dem Gelände befindet sich eine Konzerthalle, die europaweit für ihre hervorragende Akustik bekannt ist. Alljährlicher Höhepunkt ist das im Juni stattfindende internationale Aldeburgh-Musikfestival. Von Snape Maltings sind es auf der A 1094 nur wenige Minuten bis Aldeburgh. Das charmante Seebad mit seinem Kieselsteinstrand ist ein beliebter Urlaubsort. Britten-Verehrer werden das Grab des Komponisten auf dem Friedhof der **Aldeburgh Church** besuchen. Von Aldeburgh führt die Thorpe Road Richtung Norden nach **Thorpeness.** Der Ort ist ein Modelldorf aus der Edwardian-Zeit (1901–1914). Auffällig ist das „Haus in den Wolken", ein ehemaliger Wasserturm mit Ferienwohnungen auf der Spitze.

Die nächste Etappe in Richtung Dunwich führt auf der B 1122 über Westleton. Das **Westleton-Minsmere-Reservat,** eines der größten Vogelschutzgebiete des Lands, ist einen Stopp wert. Ein Spaziergang durch das Heideland, den Wald und die Lagunen ist eine wohltuende Abwechslung zum Autofahren. Hinter Westleton führt eine kleine Nebenstraße (ohne Nummerierung) rechts ans Meer nach **Dunwich.** Der Ort ist eigentlich ein Paradox. Denn die Leute kommen, um zu sehen, was es nicht (mehr) gibt. Zu Zeiten der Angelsachsen war Dunwich die größte Stadt der Region. Heute liegen sechs Kirchen, drei Kapellen, ein Kloster und viele Häuser auf dem Meeresgrund. Zentimeter um Zentimeter frisst sich das Meer in die Küste. Im **Museum** *(April–Okt. tgl. 11.30–16.30 Uhr | St. James Street | Eintritt frei)* von Dunwich wird die Chronik des Verschwindens erzählt. Die letzte Kirche versank in den 1930er-Jahren im Meer. Angeblich kann man bis heute die Glocken der versunkenen Kirchen hören. Ein hervorragendes Motiv für Schriftsteller. Kein Wunder also, dass Dunwich Handlungsort vieler Krimis ist.

Southwold ist das letzte Ziel der Tour. Wer zu Fuß gehen möchte, läuft von Dunwich am Strand entlang, Autofahrer und Radler gelangen über die A 12 und die A 1095 in den eleganten Badeort. Der Ort ist eine Art Mini-Bath mit Regency-Villen und kleinen Greens, um die sich die Häuser wohlhabender Bürger gruppieren, und besitzt mit Seebrücke und Leuchtturm alles, was einen Badeort ausmacht. Außerdem finden Sie hier gute Hotels mit Restaurants wie **The Swan** *(High Street | Tel. 01502 722186 | €€€)* und **The Crown** *(High Street | Tel. 01502 722275 | €€€)*; bester Pub: **The Lord Nelson** *(East Street)*.

Kilometerlange Wanderwege führen durch die Heidelandschaft bei Dunwich Heath

AUSFLÜGE & TOUREN

4 DURCH DIE LONDONER DOCKLANDS

 Radfahren in London kann idyllisch sein und ist z. B. in den angesagten Londoner Docks, dem ehemaligen Hafengebiet, eine prima Alternative zum Sightseeing-Spaziergang. Länge dieser Tour: 6 km.

Ein Rad können Sie sich an den Selbstbedienungsstationen in der Stadt entnehmen, gezahlt wird per Kreditkarte, eine vorherige Registrierung ist nicht erforderlich *(£ 1 plus £ 1/1 Std., £ 6/2 Std. | short.travel/eng5)*. Startpunkt ist die Fahrradstation am **Tower of London Park** an der U-Bahn-Station Tower Hill. Über den St. Katharine's Way östlich der Tower Bridge (Nordufer) geht es zu den **St. Katharine's Docks** aus dem 19. Jh. hinter dem Tower Hotel, heute der Londoner Yachthafen. **The Dickens Inn** *(Tel. 020 74 88 22 08 | dickensinn.co.uk | €–€€)* ist hier einen Besuch wert. Folgen Sie weiter dem St. Katharine's Way bis zu einem Kreisel. Dort rechts halten in die Wapping High Street. Alte Lagerhäuser sind hier zu Wohnkomplexen umgebaut worden. Fahren Sie rund 1,2 km auf der Wapping High Street, bis sie nach einer Kurve die St. Peter's Primary School zu Ihrer Linken sehen. Gegenüber führt die Tour in die Straße Wapping Wall, die in die Glamis Road übergeht. Von der alten Eisenträgerbrücke hat man rechts einen schönen Blick auf das Finanzzentrum Canary Wharf. Links ist das **Shadwell Dock** ebenfalls zu einem Wohnviertel umfunktioniert worden. Nach der Brücke rechts vor dem Sportplatz abbiegen auf den Thames Path, der zur Narrow Street führt, der Sie weiter folgen. Eine Brücke überquert den Stichkanal zum **Limehouse Dock.** Direkt an der Brücke hat Englands Starkoch Gordon Ramsey mit dem **Narrow** *(Tel. 020 75 92 79 50 | www.gordonramsay.com/thenarrow | €€)* einen Pub mit einem hervorragenden Restaurant eröffnet. Von der Terrasse aus haben Sie einen wundervollen Blick auf die Themse – genauso wie ein paar hundert Meter weiter vom etwas versteckt liegenden Balkon des kleinen Pubs **The Grapes** *(www.thegrapes.co.uk)*. In einer leichten Linkskurve etwa 100 m weiter führt rechts an der Dunbar Wharf ein Weg zur Themse. Folgen Sie ihm entlang des Wassers bis zum Canary Wharf Pier. Durch einen kleinen Park auf der linken Seite geht es in die West India Avenue. Halten Sie sich links, um zum **West India Quay** zu gelangen. Einst wurden in den Speichern Tee, Rum und Zucker aus der Karibik gelagert, heute sind Restaurants eingezogen. Links finden Sie das **Museum of London Docklands** *(tgl. 10–18 Uhr | Eintritt frei | www.museumoflondon.org.uk/Docklands)*, das über die Geschichte der Londoner Docks informiert. Vor dem Museumsbesuch können Sie Ihr Rad am Fisherman's Walk auf der Südseite des West India Quays (an der Brücke) wieder abgeben.

SPORT & AKTIVITÄTEN

Sport ist in England Thema Nummer eins. Intensiv werden Fußballresultate diskutiert, zu Spielen der Nationalmannschaft und der Premier League sammelt man sich vor den Fernsehgeräten der Pubs. Und Kricket und Rugby sind mindestens ebenso populär.

Engländer reden jedoch nicht nur über Sport, sie gehen ihm auch selbst nach – sei es beim Fußball, im Fitnessstudio oder bei einer Joggingrunde. Dorfanger werden sonntags zum Kricketfeld, auf dem weiß gekleidete Männer stundenlang begeistert spielen. Auch Rudern steht hoch im Kurs, Tennis und Golf zählen zum Volkssport. Die britische Fremdenverkehrszentrale gibt Anregungen, wie sich auch Touristen sportlich betätigen können: *www.visitbritain.de*.

ANGELN

Die englische Anglervereinigung ist die größte Sportorganisation des Lands. Wer im Meer angeln will, braucht keine Zulassung. Für Flüsse und Seen muss man sich bei der lokalen Behörde, meistens ist es die örtliche Post, eine *rod licence* besorgen. Eine Tageskarte kostet £ 3,75, eine Wochenkarte £ 10. Für Lachse und Forellen liegen die Preise höher. Besonders beliebt ist das Lachseangeln. Der Fluss Wye an der Grenze zu Wales ist das beste Gebiet dafür. INSIDER TIPP ▶ Forellenfischen im Fluss Test, nördlich von Southampton, ist ebenfalls zu empfehlen. *Angling Foundation | Tel. 02476 41 49 99 | www.anglingfoundation.co.uk, www.environment-agency.gov.uk*

Bild: Coasteering

Hier braucht niemand ein Handicap, um den Golfschläger zu schwingen. Oder wie wäre es mit Lachseangeln und Wasserski?

BOOTFAHREN

England verfügt über ein dichtes Netz von Kanälen und Flüssen, das fast vollständig Urlaubern vorbehalten ist. Mieten Sie ein Boot, oder lassen Sie sich von erfahrenen Crews durch die Kanäle schippern. Für Westengland: *Drifters Leisure | Tel. 0844 9 84 03 22 | www.drifters.co.uk. Clifton Cruisers (Tel. 01788 54 35 70 | www.cliftoncruisers.co.uk)* in Rugby bietet Boote für vier bis zehn Personen an. Fahrten in den Norfolk Broads organisiert *Blakes Holidays (Tel. 0844 8 56 70 60 | www.blakes.co.uk).*

COASTEERING

Eine Trendsportart, die wie ein Versehen wirkt: eine Mischung aus Klettern, Klippenspringen und Schwimmen. Man klettert im Neoprenanzug mit Helm und Schwimmweste an den Küsten entlang und springt an geeigneten Stellen ins Meer. Ursprünglich in den Achtzigerjahren in Wales entstanden hat sich dieser Zeitvertreib inzwischen auf der ganzen Insel durchgesetzt – vor allem in Cornwall. Man tut allerdings gut daran, diesem Sport nur in organisierten Gruppen nachzugehen, da er nicht ganz ungefährlich ist. Ein zweistündiger Trip kostet ab £ 25. *Tel. 01726 86 91 62 | www.britishcoasteeringfederation.co.uk*

RADFAHREN

Viele Jahre galt die Insel als nicht besonders fahrradfreundlich. Das hat sich inzwischen geändert. Das *National Cycle Network* umfasst jetzt rund 20 000 km an Fahrradwegen. So kann das Land von Küste zu Küste von West nach Ost auf der *Sea to Sea Cycle Route* (379 km, blaue Schilder C2C) sicher durchradelt werden. Wer nicht gern über Hügel fährt, wählt lieber die landschaftlich und geschichtlich reizvolle Strecke durch das Themse-Tal (155 km), die von London nach Oxford führt. Eine gute Fahrradstrecke ist auch der Weg zwischen Harwich und Hull (500 km, Route 1, *Sustrans | Bristol | Tel. 0845 113 00 65 | www.sustrans.org.uk*). Mountainbiker wählen die Nationalparks, z. B. Yorkshire Dales *(www.mtbthedales.org.uk)*.

Wer sein eigenes nicht mitnehmen möchte, kann sich in jedem halbwegs größeren Ort ein Rad mieten. Auskünfte erteilen die lokalen Tourist Information

Nirgendwo finden Golfspieler bessere Bedingungen für ihren Sport als in Großbritannien

GOLF

England ist ein Paradies für Golfspieler. Golfen ist hier vielerorts ein Massensport und überhaupt nicht versnobt. Die Auswahl an Plätzen ist auf der Insel riesengroß: Der *Royal West Norfolk Golf Club (Tel. 01485 21 02 23 | www.rwngc.org)* und der Inlandkurs in *Woodhall Spa (Tel. 01526 35 25 11 | www.woodhallspagolf.com)*, Lincolnshire, gehören zu den besten in ganz Ostengland. In Southport bei Liverpool gibt es sechs Plätze, z. B. den *Royal Birkdale (Tel. 01704 55 20 20 | www.royalbirkdale.com)*. Auf öffentlichen Plätzen kostet eine Runde Golf pro Person ab £ 10. *www.golf.co.uk*

SPORT & AKTIVITÄTEN

Centre. Reiseveranstalter wie *Compass Holidays (Tel. 01242 25 06 42 | www.compass-holidays.com)* bieten Touren sowie Gepäcktransporte an.

REITEN

Pferde sind bei den Briten ein Pflichtbestandteil des Landlebens. Vor allem in Südengland (Dartmoor, Exmoor), in den Cotswolds sowie im Lake District gibt es auch für Touristen zahlreiche Reitmöglichkeiten. Die *British Horse Society (Tel. 02476 84 05 15 | www.bhs.org.uk)* hält Informationen über gut geeignete Gegenden vor. Zudem gibt es das *National Bridleroute Network (www.ride-uk.org.uk)*, das landschaftlich reizvolle Reitwege im ganzen Land umfasst.

SEGELN & SURFEN

England ist eine alte Seefahrernation, und Segeln ist bis heute sehr beliebt. Im Solent, zwischen Südengland und der Isle of Wight, tummeln sich Segelboote und Yachten. Unter Surfern der Hit ist Newquay mit seinen elf Stränden, an denen das ganze Jahr über Meisterschaften ausgetragen werden. Wer Surfen lernen will, hat hier viele Schulen zur Auswahl *(www.surfnewquay.co.uk)*. Auch im Norden wird Wassersport großgeschrieben. Das *Low Wood Watersport Centre* am Lake Windermere bietet Segeln, Motorbootfahren, Wasserski und Tauchen an *(Tel. 015394 3 94 41 | www.englishlakes.co.uk)*. Die Isle of Wight an der Südküste entwickelt sich zum Zentrum für Abenteuersport wie *Kitesurfing (Sailing Academy | Tel. 01983 29 49 41 | www.uksa.org)*.

TENNIS

Während der Tennisboom in Deutschland längst vorbei ist, erfreuen sich die Engländer nach wie vor daran – und dies nicht nur im Sommer, wenn in Wimbledon das legendäre Grand-Slam-Rasenturnier ausgetragen wird. Als Tourist Tennis zu spielen ist entsprechend leicht möglich: Jedes größere Landhotel bietet meist Plätze und die Möglichkeit, Schläger zu leihen. Der nationale Tennisverband *Lawn Tennis Association (www.lta.org.uk)* informiert zudem über Clubs vor Ort. Den berühmten Rasen von Wimbledon kann man am besten im Rahmen einer Führung besichtigen *(tgl. 10–16.30 Uhr | Tel. 020 89 46 61 31 | Eintritt Museum und Tour £ 20 | www.wimbledon.com)*.

WANDERN

Engländer wandern gern, und ihre Organisation, die *Ramblers Association (www.ramblers.org.uk)*, ist eine der einflussreichsten im Land. Das Netz an Wanderwegen ist dicht. In allen Landesteilen gibt es Fernwanderwege. Der bekannteste ist der 430 km lange *Pennine Way* vom Peak District zur schottischen Grenze. Landschaftlich wunderbar sind auch der 285 km lange *Offa's Dyke Footpath* entlang der Grenze zu Wales und der *South West Coast Path* rund um die Küste von Dorset über Devon und Cornwall nach Somerset. Mit 1014 km ist Letzterer kaum in einem Urlaub zu bewältigen, aber es ist überall möglich, kurze Teilstrecken zurückzulegen. Weniger bekannt ist der **INSIDER TIPP** *North Norfolk Coast Path*. Er führt in leichten Tagesetappen 74 km von Hunstanton bei King's Lynn nach Cromer. Unterwegs kommt man an herrliche Sandstrände, geht durch Naturschutzgebiete und hat Gelegenheit, in einladenden Kneipen neue Kräfte zu sammeln *(www.nationaltrail.co.uk)*. Bei der Orientierung helfen die *ordnance survey maps* (in Buchhandlungen erhältlich).

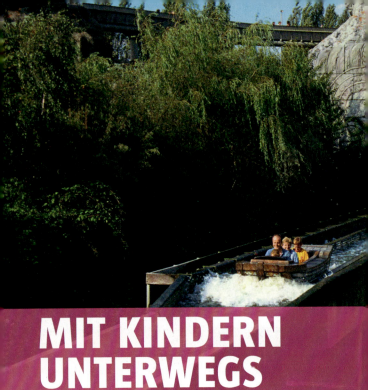

MIT KINDERN UNTERWEGS

Urlaub mit Kindern in England ist unterhaltsam und abwechslungsreich. Angebote der Museen und vieler Sehenswürdigkeiten sind oft auf Kinder ausgerichtet: Interaktiv und anschaulich wird Wissen vermittelt – nicht selten können auch Erwachsene noch etwas dazulernen.

Vielerorts gibt es inmitten der berühmtesten Sehenswürdigkeiten gut ausgestattete Abenteuerspielplätze, Seen mit Bootsverleih oder Miniatureisenbahnen. Die staatlichen Topmuseen gewähren Kindern freien Eintritt. Der Eintritt für die anderen Museen ist dagegen oftmals sehr teuer. Die folgenden Preise für Familientickets gelten in der Regel für zwei Erwachsene und zwei Kinder bei Kauf vor Ort, der Online-Kauf ist oft viel billiger.

DER NORDEN

BEAMISH OPEN AIR MUSEUM
(139 E4) (*ℳ L5*)

Das preisgekrönte Freilichtmuseum führt Sie auf 120 ha zurück in das England des 19. und frühen 20. Jhs. Sie rattern mit der Tram oder dem historischen Doppeldeckerbus über Kopfsteinpflaster, vorbei an historisch gekleidetem Personal, besuchen den Süßwarenladen, die Druckerei, die Bank und probieren das frisch gezapfte Bier im Pub. Die Grafschaft Durham war die Wiege der Eisenbahn. Hier fuhr 1825 die erste Passagierbahnlinie. Kein Wunder also, dass auch eine komplette Eisenbahnstation mit Lokomotiven, Stellwerk, Signalen und Fahrkartenhäuschen hierhin transportiert und neu aufgebaut

Bild: Dragon Falls im Chessington Adventure Park

Spiel, Spaß, Spannung: Superschnell und schaurig-schön geht es in den Freizeitparks zu, spannend-lehrreich in den Museen

wurde. Auch unter Tage können die Besucher fahren. INSIDER TIPP Die Zeche wurde komplett wiederhergestellt. Außerdem werden Special Events und Sonderausstellungen geboten. *April–Okt. tgl. 10–17, Nov.–März Di–Do, Sa, So 10–16 Uhr | 18 km südl. Newcastle (A 693) | Familienticket £ 46 | www.beamish.org.uk*

BLACKPOOL PLEASURE BEACH
(135 D–E4) (*H8*)

Die Freizeitparks des Lands wetteifern um die aufregendste Achterbahn. Zurzeit hat das Seebad Blackpool die Nase vorn: *The Big One* im *Blackpool Pleasure Beach* ist mit 140 km/h und 70 m Höhe nach eigenen Angaben die schnellste und höchste im Vereinigten Königreich. Es gibt aber auch Attraktionen für kleine Kinder. *Tgl. Feb.–Nov., unterschiedl. Öffnungszeiten | Tel. 0871 2 22 12 34 | Familientagespass £ 75 | www.blackpoolpleasurebeach.com*

FUSSBALL: STADIONTOUREN
Viele Clubs bieten die Möglichkeit, einen Blick hinter die Kulissen zu werfen. In *Old*

Trafford, dem Stadion von Manchester United FC, geben ein Museum und die Stadiontour einen Einblick in den Spielbetrieb *(siehe S. 42, Familienticket £ 45)*. Auch der Liverpool FC *(siehe S. 39, Familienticket £ 41)* erlaubt einen Blick ins Stadion, die Umkleidekabinen und den Spielertunnel. Im Besucherzentrum warten Erinnerungsstücke und ein Film über den Club.

LEGOLAND DISCOVERY CENTER
(135 F5) (*m* J9)

Zwei Mio. Legobausteine, interaktive Spiele und ein Miniland mit Feuerwehrstation sowie Sehenswürdigkeiten aus dem Norden Englands, die sogar auf Erdbebensicherheit geprüft werden können, sind seit 2010 die Attraktion für die Zwei- bis Zwölfjährigen. Eine Fabrikführung, bei der Kinder aktiv beim Bau neuer Legosteine einbezogen werden, wird auch bei Erwachsenen Interesse finden. *Tgl. 10–19 Uhr | Barton Square | The Trafford Centre Manchester | pro Person £ 16,20 | Vorausbuchung empfohlen: Tel.(*) 0871 2 22 26 62 | www.legolanddiscoverycentre.co.uk/manchester*

DER WESTEN

ALTON TOWERS (130 C2) (*m* K11)
In Englands meistbesuchten Themenpark erwarten Sie besonders rasante Fahrten durch Wasser, Höhlen und vereiste Gewölbe. Außerdem gibt es zahlreiche Überraschungen. *April–Okt. tgl. 10–17 Uhr | Alton (M 6) | Familienticket £ 108 | Tel.(*) 0871 2 22 33 30 | www.altontowers.com*

IRONBRIDGE GORGE – BLISTS HILL
(130 C3) (*m* J12)

Im Flusstal des Severn wird entlang der Ironbridge-Schlucht in neun Museen anschaulich Geschichte vermittelt. Überall können Kinder selbst Hand anlegen. Lustig ist INSIDER TIPP *Blists Hill*, eine viktorianische Stadt. Der Rundgang beginnt in der Lloyds Bank, in der Sie historische Münzen wie Farthings und Halfpennys bekommen. Mit diesen können Sie dann überall in Blists Hill zahlen. Nach der Mode des 17./18. Jhs. gekleidete Schauspieler arbeiten in den Werkstätten und sind für jedes Gespräch offen. *Tgl. 10–16 Uhr | Familienticket für alle Museen £ 61,50 | südlich von Telford (M 54, Abf. 4) | Tel. 01952 43 34 24 | www.ironbridge.org.uk*

DER OSTEN

BEWILDERWOOD (134 B3) (*m* Q12)
Englands erster Themenpark, der nach Prinzipien der Umweltfreundlichkeit und Nachhaltigkeit gebaut wurde. Luftbrücken über Nadelwäldern und dem Norfolker Marschland führen zu Baumhäusern. Attraktionen sind die „Kaputte Brücke" und das Balancieren in 7 m Höhe. Verschnaufen lässt es sich bei einer Bootsfahrt. *April–Okt. tgl. 10–17.30 Uhr | Horning Road | A 1062 zwischen Wroxham, Hoveton und Horning | Tel. 01603 78 39 00 | Erw. £ 11,50, Kinder £ 8,50 | www.bewilderwood.co.uk*

PENSTHORPE WATERFOWL PARK
(134 A2) (*m* P11)

Im Wasserpark Pensthorpe im Tal des Wensumflusses hat einer der europaweit größten Bestände von bedrohten exotischen Wasservögeln eine Heimat gefunden. Vom Observatorium aus lassen sich die gefiederten Parkbewohner beobachten. Für Kinder gibt es Spielplätze und Messingrubbeln. *März–Dez. tgl. 10–17, Jan., Feb. bis 16 Uhr | Familienticket £ 27 | Pensthorpe Waterfowl Trust Fakenham (A 1067) | Tel. 01328 85 14 65 | www.pensthorpe.com*

MIT KINDERN UNTERWEGS

DER SÜDEN

CHESSINGTON WORLD OF ADVENTURE (128 B3) (*N16*)

Atemberaubende Fahrten stehen an der Spitze der Beliebtheitsskala in dem großen Erlebnispark in der Nähe von London: *Ramses Revenge* ist der Favorit, dicht gefolgt von *Vampire Ride*, *Dragon Falls* und *Rattlesnake* – vielversprechende Namen für rasante Fahrerlebnisse. Nass werden ist hier Pflicht. Ruhiger geht M 25 Ausfahrt 9 oder 10 | Familienpass online ab £ 75,60, vor Ort £ 108 | www.chessington.com

WOOKEY HOLE CAVES ●
(126 B3) (*J16*)

Englands wohl spektakulärste Höhlen wurden einst durch die Kraft des Flusses Axe geschaffen und waren vor 2000 Jahren sogar bewohnt. Inzwischen sind sie zu einem beliebten Ausflugsziel für die ganze Familie geworden. Dazu gehören

In Bewilderwood kann jeder testen, wie viel Tarzan in ihm steckt

es dagegen bei den Tiergehegen, im Sea Life Centre und in Africa, in dem es ein Wiedersehen mit den Protagonisten aus dem Film „Madagascar" gibt, zu. Planen Sie für dieses Vergnügen unbedingt einen ganzen Tag ein! Für den großen Hunger gibt es Fastfood-Restaurants. *Tgl. 10–18 Uhr | Surrey | südlich von London*

inzwischen auch ein kleiner Dinosaurierort sowie Attraktionen in der alten Papiermühle. In den Höhlen selbst können die vier Haupträume besichtigt werden. *April–Okt 10–17, Nov.–März bis 16 Uhr | A 39 zwischen Wells und Cheddar | Familienpass £ 49 | Tel. 01749 67 22 43 | www.wookey.co.uk*

EVENTS, FESTE & MEHR

Vermutlich gibt es kaum ein anderes Land, in dem so viele Kunstwochen, historische Prozessionen und Open-Air-Konzerte stattfinden wie in England. Besonders engagiert sind dabei die Organisationen English Heritage und National Trust, die in ihren Anwesen viele Feste organisieren *(www.artsfestivals.co.uk)*. Dazu kommen die typischen exzentrischen Feste, bei denen z. B. Käse die Berge hinuntergerollt wird.

FEIERTAGE

1. Jan. *New Year's Day*; **Karfreitag** *Good Friday*; **Ostermontag** *Easter Monday*; **23. April** *St. George's Day* (Nationalfeiertag, aber kein freier Tag); **Bank Holiday** (1. u. letzter Mo im Mai, letzter Mo im Aug.); **25. Dez.** *Christmas Day*; **26. Dez.** *Boxing Day*

FESTE UND VERANSTALTUNGEN

MÄRZ
Am letzten Sonntag treten die Rudercrews der Universitäten Oxford und Cambridge auf der Themse im Westen von London gegeneinander an. *www.theboatrace.org*

APRIL
Das „härteste Pferderennen der Welt", das umstrittene ▶ ***Grand National,*** führt über 7 km und 30 Hindernisse. Es wird seit 1837 alljährlich in Aintree, einem Vorort von Liverpool, ausgetragen. *www.aintree.co.uk*

▶ ***Harrogate Spring Flower Show*** (Ende April): Das Schönste der englischen Gartenkunst (Mitte Sept. Herbstshow). *www.flowershow.org.uk*

MAI
In Coopers Hill (Gloucestershire) findet am letzten Mo im Mai das nicht ganz ungefährliche ▶ ***Käserollen*** statt. Ein acht Pfund schweres Käserad wird den Berg hinuntergerollt. Die 20 Wettkämpfer werfen sich ebenfalls den Berg hinunter. Die Person, die als erste stehend unten ankommt, gewinnt den Käse. *www.cheese-rolling.co.uk*

▶ ***Bath International Music Festival:*** Folk, Jazz, Oper und klassische Musik. Eröffnet wird mit einem ● Gratiskonzert im Royal Victoria Park, Bath. *www.bathmusicfest.org.uk*

JUNI
▶ ***Grand Prix der Formel 1:*** In Silverstone bei Towcester findet der britische Grand

Sport, Musik und Karneval: skurrile Wettkämpfe, traditionsreiche Rennen, Musikfestivals und farbenfrohe Straßenfeste

Prix der Formel 1 statt, ein karnevalähnliches Ereignis. *www.silverstone.co.uk*

▶ *Royal Ascot:* Das wohl weltweit berühmteste Pferderennen und gesellschaftliches Highlight bei London. *www.ascot.co.uk*

▶ *Sonnenwendefest:* Stonehenge ist in der Nacht vom 21. zum 22. Juni der Pilgerort für Esoteriker und Schaulustige. Sie alle wollen dabei sein, wenn die Sonne zwischen den historischen Steinen aufgeht. *www.stonehenge.co.uk*

▶ *Aldeburgh Festival:* Moderne klassische Musik in einer ruhigen Kleinstadt, dem Geburtsort des Komponisten Benjamin Britten, an der Ostküste. *www.aldeburgh.co.uk*

JULI

▶ *Henley Royal Regatta:* Das Motto ist sehen und gesehen werden. Die Ruderwettkämpfe (1. Juliwoche, Henley-on-Thames) haben höchstes internationales Niveau und bieten ein buntes Rahmenprogramm. *www.hrr.co.uk*

AUGUST

▶ *Cowes Week:* größter Segelevent vor der Isle of Wight in der ersten Augustwoche mit über 180-jähriger Tradition. *www.cowesweek.co.uk*

▶ *Notting Hill Carnival:* dreitägiges Spektakel der Farben, Kostüme und Musik (London, letztes Augustwochenende). *www.thenottinghillcarnival.com*

▶ **INSIDER TIPP** *Mathew Street Festival*: Beatles und mehr. Hunderttausende treffen sich am letzten Augustwochenende in Liverpool. Rund um die Mathew Street wird gesungen und getanzt. *www.mathewstreetfestival.org*

NOVEMBER

▶ **INSIDER TIPP** *Guy Fawkes Night*: Am 5. Nov. feiert man den misslungenen Versuch, das Parlament in die Luft zu sprengen. Eine Strohpuppe des Verschwörers Guy Fawkes wird verbrannt, außerdem gibt es Feuerwerk. Landesweit, besonders schön in Lewes bei Brighton. *www.lewesbonfirecouncil.org.uk*

ICH WAR SCHON DA!

Drei User aus der MARCO POLO Community verraten ihre Lieblingsplätze und ihre schönsten Erlebnisse

SÜSSWARENPARADIES

Für Oxford-Besucher ist ein Abstecher zu Mr. Simm's Olde Sweet Shoppe in der 52 High Street ein absolutes Muss. Die Bonbonnieren und Auslagen des traditionell viktorianisch eingerichteten Kaufmannsladens sind reichlich gefüllt mit Drops, Lutschern und Zuckerstangen jeglicher Couleur, riesigen Lakritzschnecken sowie feinsten Pralinen und Schokoladentafeln ... Hier werden definitiv Kindheitsträume wahr. Für mich daher die ideale Mitbringselfundgrube. Meine Favoriten: lilafarbene Lavendelpastillen für zu Hause gebliebene Damen und Absinthdrops für hartgesottene Herren. **Gaby aus Gerlingen**

WANDERUNG NACH MOUSEHOLE

Eine schöne und selbst erprobte Wanderung führt von Penzance innerhalb einer Stunde in das entlegene Fischerdorf Mousehole. Der Weg mit herrlicher Aussicht auf die Bucht verläuft entlang der Cliff Road. Direkt am Hafen mit seinen kleinen Booten kann man im urgemütlichen Pub „The Ship Inn" eine Pause einlegen. **Elartna aus Techau**

EAST ANGLIA PER BUS

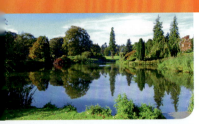

Für alle, die ohne Auto unterwegs sind, ist East Anglia gut erreichbar. Idealer Ausgangspunkt ist King's Lynn, das der Bus aus vielen Städten Englands anfährt. Mit dem Coast Hopper kann man alle Strandziele in der Wash-Bucht erreichen. Unbedingt sollten Sie auch Sandringham House besuchen. **SusiFine aus Düsseldorf**

Haben auch Sie etwas Besonderes erlebt oder einen Lieblingsplatz gefunden, den nicht jeder kennt? Gehen Sie einfach auf www.marcopolo.de/mein-tipp

EIGENE NOTIZEN

LINKS, BLOGS, APPS & MORE

LINKS

▶ www.marcopolo.de/england Alles auf einen Blick zu Ihrem Reiseziel: Interaktive Karten inklusive Planungsfunktion, Impressionen aus der Community, aktuelle News und Angebote ...

▶ www.traveline.info Alle Fahrpläne der britischen Nahverkehrsverbände. Eine Suchfunktion ermöglicht die gezielte Suche nach Verkehrsverbindungen, inklusive Abfahrtszeiten und Stadtplänen

▶ www.royal.gov.uk Der Auftritt des Königshauses im Internet. Zu sehen sind u. a. Hintergrundinformationen, Fotos sowie Öffnungszeiten der Paläste

▶ www.supperclubfangroup.ning.com Zu Gast bei den geheimen Köchen des Lands: *Supper clubs* sind der neue Trend, vor allem in London. Hier isst man meist bei Privatleuten, die Ihre Kochevents vorab im Internet bekannt geben

BLOGS & FOREN

▶ short.travel/eng15 Eine gute Anlaufstelle vor einer Englandreise. Hier können konkrete Fragen zu Land und Leuten gestellt werden

▶ www.theenglishkitchen.blogspot.de Bloggerin Marie bricht eine Lanze für die englische Küche und stellt regelmäßig leckere, schön bebilderte Rezepte ins Netz

▶ www.guardian.co.uk/travel/blog Reise-Blogs der britischen Tageszeitung *The Guardian* mit Schwerpunkt Großbritannien. Auf Englisch

▶ maricopa1.wordpress.com Englandfan Ingo bloggt regelmäßig über alles, was seine Lieblingsinsel betrifft – von englischen Traditionen über Spukorte bis zu Musikvideos

VIDEOS

▶ short.travel/eng11 Als deutsche Urlauber in England werden Sie früher oder später darauf angesprochen: auf das Wembley-Tor von 1966. Anschauen und mitreden!

Egal, ob Sie sich auf Ihre Reise vorbereiten oder vor Ort sind: Mit diesen Adressen finden Sie noch mehr Informationen, Videos und Netzwerke, die Ihren Urlaub bereichern. Da manche Adressen extrem lang sind, führt Sie der kürzere short.travel-Code direkt auf die beschriebenen Websites

VIDEOS

▶ short.travel/eng12 Pflichtprogramm für jeden Engländer: Im September endet die jährliche Londoner Konzertreihe BBC Proms mit der Last Night of the Proms, einem etwas anderen klassischen Konzert mit Flaggen, Trillerpfeifen und Kostümen im Publikum

▶ theboatrace.org/video Das traditionelle Bootsrennen der Unis: Einmal jährlich treten Ruderteams der Universitäten Oxford und Cambridge gegeneinander an. Auf ihrer Internetseite sind Videos der Rennen der vergangenen Jahre gesammelt

APPS

▶ Trainline Unverzichtbar für alle Zugreisenden in England. Die Trainline-App bietet einen landesweiten Fahrplan sowie die Möglichkeit, bis zu zehn Minuten vor Abfahrt online Tickets zu kaufen. Gratis für Apple, Android, Blackberry

▶ TubeMap Das Londoner U-Bahn-Netz als Gratis-App auf dem Smartphone, mit Abfahrtszeiten, in Teilen auch offline nutzbar, sowie mit der Möglichkeit, sich die schnellste Route von A nach B suchen zu lassen

▶ National Cycle Network Kostenlose App für Apple-Geräte zum nationalen Radwegenetz Großbritannien. Mit Karten und GPS-Funktion – sehr praktisch, um die vom Network *(siehe S. 100)* vorgeschlagenen Touren abzufahren

▶ Days Out Der Denkmalschutz-Fonds English Heritage hat in dieser App all seine Burgen, Häuser und Sehenswürdigkeiten vereint. Eine Suchfunktion zeigt die nächstgelegenen Attraktionen inklusive Öffnungszeiten. Gratis für Apple-Geräte

NETWORK

▶ short.travel/eng13 Großbritannienfans twittern regelmäßig News aus dem Vereinigten Königreich

▶ short.travel/eng14 Tipps und Wissenwertes von anderen Reisenden: kaum ein englischer Ort, über den sich die Tripwolf-Community-Mitglieder noch nicht ausgetauscht hätten

▶ www.couchsurfing.org Über das Couchsurfing-Netzwerk kann man sich überall auf der Welt bei Privatpersonen einquartieren – auch bei vielen in England

PRAKTISCHE HINWEISE

ANREISE

Der Eurotunnel ist die direkte Verbindung zwischen Calais und Folkstone (Fahrtdauer 35 Min.). Tickets können Sie vorab bestellen *(Tel. 0180 5 00 02 48 | pro Auto ab £ 100, £ 70 für Nachtfahrten | www.eurotunnel.com)* oder in den Terminals kaufen. Die wichtigsten Fährverbindungen: Calais–Dover (1,5 Std.) *| www.poferries.com, www.dfds seaways.de*; Rotterdam/Zeebrugge–Hull (über Nacht), *www.poferries.com*; Hoek van Holland–Harwich (6,5 Std.), *www.stenaline.com*; Dünkirchen–Dover (2 Std.), Amsterdam (IJmuiden)–Newcastle (über Nacht), *www.dfdsseaways.de.* Die Preise variieren stark je nach Strecke. Tickets, bei denen die Rückreise innerhalb von fünf Tagen angetreten werden muss, sind am günstigsten (ab ca. 90 Euro für ein Auto/2 Pers., für längere Fahrten ab ca. 150 Euro Hin- und Rückreise).

Der Eurostar fährt von Brüssel und von Paris nach London-St. Pancras *(Fahrzeit Köln–London über Brüssel 4 Std. 40 Min.).* Reservierung: *www.eurostar.com* oder Verkaufsstellen der Deutschen Bahn. Brüssel–London *(Fahrzeit 51 Min.)*: ab 120 Euro für Hin- und Rückfahrt.

Durch die Ausweitung der Billigflüge ist es einfacher denn je, in alle englischen Regionen zu fliegen. Das Angebot verändert sich ständig. Hier eine Auswahl der bei Redaktionsschluss bestehenden Verbindungen: *nach London-Stansted für Ost- und Südengland:* Air Berlin, Germanwings, Easyjet, Ryanair, *nach London-Heathrow für Süd- und Westengland:* British Airways, Lufthansa, *nach Birmingham (für Mittelengland):* British Airways, Lufthansa, Germanwings, flybe, *nach Manchester für den Nordwesten:* British Airways, Lufthansa, Air Berlin, *nach Newcastle für den Nordosten:* Easyjet, *nach Bristol, Exeter oder Southampton für den Südwesten:* Easyjet, flybe

GRÜN & FAIR REISEN

Auf Reisen können auch Sie mit einfachen Mitteln viel bewirken. Behalten Sie nicht nur die CO_2-Bilanz für Hin- und Rückflug im Hinterkopf *(www.atmosfair.de)*, sondern achten und schützen Sie auch nachhaltig Natur und Kultur im Reiseland *(www.gate-tourismus.de; www.zukunftreisen.de; www.ecotrans.de)*. Gerade als Tourist ist es wichtig, auf Aspekte zu achten wie Naturschutz *(www.nabu.de; www.wwf.de)*, regionale Produkte, Fahrradfahren (statt Autofahren), Wassersparen und vieles mehr. Wenn Sie mehr über ökologischen Tourismus erfahren wollen: europaweit *www.oete.de*; weltweit *www.germanwatch.org*

AUSKUNFT

VISITBRITAIN
Aus Deutschland: *www.visitbritain.de*
Aus Österreich: *www.visitbritain.at*
Aus der Schweiz: *www.visitbritain.ch*
Die Internetseiten enthalten eine Fülle von Informationen für Urlaubsreisen. Onlineshop, in dem Sie z. B. Pässe für Verkehrsmittel und Sehens-

Von Anreise bis Zoll

Urlaub von Anfang bis Ende: die wichtigsten Adressen und Informationen für Ihre England-Reise

würdigkeiten bestellen können: *www.visitbritaindirect.com*

AUTO

Gewöhnungsbedürftig: Linksverkehr. Es gibt keine allgemein gültige Vorfahrtsregel. An Kreuzungen ist die Vorfahrt fast immer markiert. Aber: Im Kreisverkehr *(roundabout)* hat derjenige Vorfahrt, der von rechts kommt. Höchstgeschwindigkeit in Ortschaften 30 Meilen (48 km/h), auf Landstraßen 60 Meilen (97 km/h), auf Autobahnen 70 Meilen (113 km/h). Pannenhilfe durch *AA Automobile Association | Tel. 0800 88 77 66 | RAC Royal Automobile Club | Tel. 0800 82 82 82.* Doppelte gelbe oder rote Linien am Straßenrand bedeuten absolutes Halteverbot, eine einzelne gelbe Linie eingeschränktes Halteverbot (Schilder beachten!). Telefonieren mit dem Handy während des Autofahrens ist verboten. Die Polizei hat das Recht, Bußgeld vor Ort zu kassieren.

BANKEN

Öffnungszeiten meist Mo–Fr 9.30–15.30 Uhr, vereinzelt auch Samstagvormittag. Mit der Scheckkarte bekommen Sie an Automaten, in Wechselstuben und Reisebüros englische Pfund. Kunden der Deutschen Bank können an allen Barclays-Automaten gebührenfrei Pfund abheben, Gleiches bieten mehrere Onlinebanken für alle Visa-Geldautomaten an. Fast überall können Sie mit Kreditkarte zahlen. Achtung: Britische Kreditkarten nutzen nicht nur am Automaten, sondern auch in Geschäften die Zahlmethode via Chip, nicht via Magnetstreifen. In kleinen Geschäften kann es daher manchmal Probleme mit den deutschen Karten geben. **INSIDER TIPP** Die Wechselstuben der Kaufhauskette Marks & Spencer tauschen Bargeld ohne Gebühren.

WÄHRUNGSRECHNER

€	GBP	GBP	€
1	0,80	1	1,25
3	2,40	3	3,75
5	4,05	5	6,20
15	12,05	15	18,65
25	20,10	25	31,00
40	32,15	40	49,70
90	72,35	90	111,80
150	120,60	150	186,40
500	402,00	500	621,20

CAMPING

Wildes Campen ist nicht erlaubt. Infos zu den lokalen Plätzen bei den Touristenämtern. Außerdem beim weltältesten Campingclub *Camping & Caravanning Club (Tel. 0845 130 76 31 | www.campingandcaravanningclub.co.uk)* und bei der *Forestry Commission (Tel. 0845 30 82 26 | www.forestholidays.co.uk).*

DIPLOMATISCHE VERTRETUNGEN

BOTSCHAFT DER BUNDESREPUBLIK DEUTSCHLAND
23 Belgrave Square | London SW1 | Tel. 020 78 24 13 00 | www.london.diplo.de

BOTSCHAFT DER REPUBLIK ÖSTERREICH
18 Belgrave Mews West | London SW1 | Tel. 020 73 44 32 50

SCHWEIZER BOTSCHAFT
16 Montagu Place | London W1 | Tel. 020 76 16 00 00

EINREISE

Bürger der EU und der Schweiz benötigen einen gültigen Personalausweis oder Reisepass.

EINTRITT

In Museen, Ausstellungen, Kirchen wird oft ein hohes Eintrittsgeld verlangt. Familienkarten reduzieren den Preis. Rund 50 staatliche Topmuseen und Galerien im Vereingten Königreich gewähren freien Eintritt *(www.nationalmuseums.org.uk/free-admission)*. Hat man vor, mehrere historische Stätten zu besuchen, lohnt sich der *Overseas Pass (ab £ 21,50)* des Denkmalschutzfonds *English Heritage (www.english-heritage.org.uk)*, der sieben oder 14 Tage kostenlosen Zugang zu mehr als 100 Sehenswürdigkeiten ermöglicht. Der *National Trust (www.nationaltrust.org.uk)* bietet einen ähnlichen Pass *(ab £ 22)* für seine Attraktionen an.

GESUNDHEIT

In den Zentren des Nationalen Gesundheitssystems (NHS) und bei den allgemeinen Ärzten (GP) werden Sie kostenfrei behandelt. Notruf: 999 (kostenlos). Die Apotheken *(pharmacy)*, vielfach innerhalb von Drogerien, haben während der üblichen Geschäftszeiten geöffnet. Standardmedikamente wie Schmerzmittel gibt es auch in Supermärkten, die teilweise 24 Stunden geöffnet haben.

INTERNET

Bester Einstieg ist der hervorragende Internetauftritt der Tourismusbehörde: *www.visitbritain.de*. Hier finden Sie alle wichtigen praktischen Hinweise und zielgruppengerichtete Vorschläge für Reisen. Außerdem: *www.visitengland.de* (erste Anlaufstelle für die Urlaubsplanung); *www.nationaltrust.org.uk* (Herrensitze, Gärten etc.); *www.english-heritage.org.uk* (Burgen, Denkmäler).

INTERNETZUGANG

Von Jahr zu Jahr gibt es eine immer größere Dichte von Hotspots. Viele sind bei *www.myhotspots.co.uk* gelistet. In den Filialen der großen Coffee-Bar- (Caffe Nero, Starbucks) und Fastfood-Ketten kann man auch surfen. Viele Hotspots sind Teil des landesweit größten WLAN-Netzwerks *The Cloud (www.thecloud.co.uk)*, bei dem man ==INSIDER TIPP== nach Anmeldung kostenfrei surfen kann. Auch die wichtigsten Telefonanbieter unterhalten im ganzen Land eigene Hotspots. In Hotels ist WLAN (englisch WiFi) meist gebührenpflichtig. Alle Mobilfunkunternehmen bieten UMTS-Sticks an, auch mit günstigen Prepaid-Tarifen für Reisende.

KLIMA & REISEZEIT

Das Wetter ist nicht so schlecht wie sein Ruf. Natürlich regnet es aufgrund der Insellage immer wieder, es kann sich aber auch schnell wieder ändern. Schönste Reisezeit ist der Frühling, wenn alles blüht und grünt. Man sollte auf alles vorbereitet sein, d. h. Regenschirm und Mantel, warmer Pullover auch im Sommer. Info: *www.bbc.co.uk/weather*

MASSE & GEWICHTE

Bis auf Meile und Pint sind die spezifisch englischen Maße offiziell abgeschafft worden. Im Sprachgebrauch halten sie sich aber noch.

PRAKTISCHE HINWEISE

1 inch = 2,54 cm
1 foot = 12 inches = 30,48 cm
1 yard = 3 feet = 91,4 cm
1 gallon = 4,56 l
1 mile = 1,61 km
1 pint = 0,57 l
1 ounce = 28,35 g
1 pound = 16 ounces = 453,6 g
32 Grad Fahrenheit = 0° C
68 Grad Fahrenheit = 20° C

MEDIEN

Die nationalen Zeitungen – es wird zwischen seriösen *(Financial Times, Guardian, Times)* und Boulevardzeitungen *(Sun, Mirror)* unterschieden – sind informativ und preiswert. Besonders die Stadtmagazine (in London *Time Out*) sind nützlich für die Planung des Besuchs.

MIETWAGEN

Die bekannten internationalen Mietwagenfirmen sind in England, auch an den Flughäfen, gut vertreten. Meist ist es günstiger, vor der Reise – oft in Verbindung mit der Flugbuchung – das Auto zu reservieren. Noch preiswerter wird es oftmals über sogenannte Mietwagenbroker, die mit lokalen Vermietern zusammenarbeiten und Komplettpakete mit allen Gebühren und Versicherungen zu Dumpingpreisen anbieten *(www.holidayautos. de, www.cardelmar.de)*.

NOTRUF

Polizei, Feuerwehr und Ambulanz: 999

ÖFFENTLICHE VERKEHRSMITTEL

Mit den Bussen von *National Express* erreichen Sie jede Ecke des Lands. Busfahren ist günstig, v. a. wenn Sie *day returns* kaufen oder sieben Tage im Voraus buchen *(zentrale Busstation London | Victoria Coach Station | 164 Buckingham Palace Road)*. Die *Brit-Xplorer-Pässe* für das gesamte Netz mit einer Dauer von sieben, 14 oder 28 Tagen sind über National Express zu beziehen. Ermäßigungen mit der *Discount Coachcard* für Reisende unter 25 und der *Advantage 50* für über 50-Jährige. *Tel. Auskunft und Buchung: National Express 08705 80 80 80 | www.nationalexpress.com.* Auf Hauptstrecken fährt man sehr preiswert mit Megabus *(www.megabus.com)*.

WAS KOSTET WIE VIEL?

Tee	3 Euro *für ein Kännchen Tee*
Taxi	5 Euro *pro gefahrene Meile (1,6 km) in der Stadt*
Bier	4 Euro *für ein Glas Bier (0,5 l)*
Eintritt	14 Euro *für ein Ticket für einen großen Herrensitz*
Benzin	1,60 Euro *für einen Liter*
Fish & Chips	6 Euro *für eine Portion*

Das Bahnnetz ist dicht. Die Züge sind aber nicht immer pünktlich, die Preise ähnlich hoch wie in Deutschland. Indem Sie rechtzeitig buchen oder erst nach 9.30 Uhr fahren, wird es günstiger. Es ist empfehlenswert, einen *Brit-Rail-Pass* bereits außerhalb Großbritanniens zu kaufen *(über Visitbritain oder www.visitbritaindirect.com, unterschiedl. Preise für Gültigkeitsdauer 2–22 Tage)*. Fahrplanauskunft unter *www.traveline.org.uk*.

ÖFFNUNGSZEITEN

Die Geschäfte sind gewöhnlich Mo–Sa 9.30–17.30 Uhr geöffnet, in den Haupteinkaufsstraßen sowie Einkaufszentren oft bis 20 Uhr oder später und So ab ca. 11 Uhr. Manche Großsupermärkte öffnen wochentags rund um die Uhr, sonntags fünf Stunden.

POST

Postämter (oft in Schreibwaren- oder Lebensmittelläden): Mo–Sa 9–17.30 Uhr. Für Postkarten/Briefe bis 20 g nach Europa brauchen Sie einen Air-Mail-Aufkleber und eine blaue Europe-Marke (87 p).

STROM

Die Netzspannung beträgt 240 Volt. Sie benötigen einen dreipoligen Adapter, den Sie meist im Hotel erhalten.

TAXI

Das Taxifahren mit den berühmten schwarzen Cabs ist teurer als in Deutschland. Minitaxis sind günstiger, können aber nur telefonisch bestellt werden. Die Adresse mit Postcode sollte man parat haben. In London zahlt man £ 2,20 für die ersten 70 Sekunden, dann 35 p pro Min. 10 Prozent Trinkgeld sind üblich.

TELEFON & HANDY

Für Telefonzellen brauchen Sie Münzen (20 p, 50 p, £ 1) oder eine Kreditkarte. Mindestgebühr 30 p für Inlands-, £ 1,20 für Auslandgespräche.

Handys sind sehr verbreitet, die europäischen Handys GSM 900/1800 kompatibel. Führende Mobilfunknetze sind Vodafone, T-Mobile, Orange und O$_2$. Wer länger vor Ort ist und sein Smartphone für Daten nutzen will, ist mit einer

WETTER IN LONDON

	Jan.	Feb.	März	April	Mai	Juni	Juli	Aug.	Sept.	Okt.	Nov.	Dez.
Tagestemperaturen in °C	6	7	10	13	17	20	22	21	19	14	10	7
Nachttemperaturen in °C	2	2	3	5	8	11	13	13	11	8	5	3
Sonnenschein Stunden/Tag	2	2	4	6	7	7	7	6	5	3	2	1
Niederschlag Tage/Monat	11	8	8	8	8	8	9	9	9	9	10	9

PRAKTISCHE HINWEISE

bitischen Prepaid-SIM-Karte gut beraten *(pay as you go)* – günstig u. a. bei Virgin Mobile oder der Supermarktkette Tesco. Internationale Auskunft: 118505, nationale Auskunft: 118500, bei Schwierigkeiten hilft der Operator: 100. Vorwahl nach Deutschland: 0049, Österreich: 0043, Schweiz: 0041. Vorwahl nach England 0044.

TRINKGELD

Generell wie in Deutschland und vielen Ländern nach Belieben ca. 10 Prozent. In Touristenhochburgen wie London schlagen Restaurants mitunter selbst eine sogenannte Servicecharge zwischen 10 und 15 Prozent auf den Rechnungsbetrag auf. In Pubs wird kein Trinkgeld gegeben, wenn man sich (wie üblich) sein Getränk selbst am Tresen holt und dort bezahlt.

UNTERKUNFT

Bead & Breakfast: Im Tourist Information Centre vor Ort zu buchen oder über *www.visitbritain.de, www.theaa.com* (Travel). Ferienwohnungen: große Auswahl an herrlich gelegenen Häusern *(z. B. über Hoseasons | Tel. 01502 50 25 88 | www.hoseasons.co.uk).* Zahlreiche Anbieter in Deutschland bei *www.visitbritain.de.* Der *National Trust (PO Box 536 | Melksham | Wiltshire | SN128 SX | Tel. 0844 8 00 20 70 | www.nationaltrustcottages.co.uk)* vermietet historische Häuser, der *Landmark Trust (Shottesbrooke | Maidenhead | Berkshire | SL63SW | Tel. 01628 82 59 25 | www.landmarktrust.org.uk)* denkmalgeschützte Häuser, ebenso der *English Heritage Fonds (Tel. 0870 3 33 11 87 | www.english-heritage.org.uk).* Wohnen im Schloss bietet *Hideaways (Tel. 01747 82 81 70 | www.hideaways.o.uk).* Ein Zusammenschluss schicker Pub-Lodges auf dem Land und in Kleinstädten nennt sich *Old English Inns (www.oldenglishinns.co.uk).*
Jugendherbergen (*Youth Hostels*, für Gäste jeden Alters) befreien sich zunehmend von ihrem spartanischen Image, der benötigte Jugendherbergsausweis ist vor Ort erhältlich. *YHA | Trevelyan House | Matlock | Derbyshire | DE43YH | Tel. 01629 59 27 00 | www.yha.org.uk.* Die Unis vermieten während der Semesterferien Zimmer: *www.venuemasters.co.uk | Tel. 0114 2 49 30 90 | www.universityrooms.co.uk.* Auf dem Hotelsektor wurde in den vergangenen Jahren in England viel investiert, zudem gab es eine starke Bewegung im Billigsegment: Motelketten wie Travelodge, Premier Inn, Holiday Inn Express und Ibis sind meist einfach, aber sauber und günstig *(www.travelodge.co.uk, www.premierinn.co.uk, www.hiexpress.co.uk, www.ibishotel.com).*

WÄHRUNG

Die Währungseinheit ist das Pfund Sterling (£), bestehend aus 100 pence (p). Es gibt Scheine zu 5, 10, 20 und 50 Pfund und Münzen zu 1, 2, 5, 10, 20, 50 pence sowie zu £ 1 und £ 2.

ZEIT

In England gilt die Greenwich Mean Time (GMT), d. h. MEZ minus eine Stunde, die Sommerzeit wie im Rest Europas.

ZOLL

Waren für den persönlichen Bedarf sind bei der Ein- und Ausreise innerhalb der EU frei: 800 Zigaretten, 10 l Spirituosen, 90 l Wein, 110 l Bier. Für Schweizer Bürger (ab 17 Jahren) gelten striktere Mengenbeschränkungen: 200 Zigaretten, 2 l Wein, 1 l Spirituosen. Infos unter *www.zoll.de, www.visitbritain.de.*

SPRACHFÜHRER ENGLISCH

AUSSPRACHE

Zur Erleichterung der Aussprache sind alle englischen Wörter mit einer einfachen Aussprache (in eckigen Klammern) versehen. Folgende Zeichen sind Sonderzeichen:

- θ   hartes [s] (gesprochen mit Zungenspitze an der oberen Zahnreihe, zischend)
- D   weiches [s] (gesprochen mit Zungenspitze an der oberen Zahnreihe, summend)
- '   nachfolgende Silbe wird betont
- ə   angedeutetes [e] (wie in „Bitte")

AUF EINEN BLICK

Ja/Nein/Vielleicht	yes [jäs]/No [nəu]/maybe [mäibi]
Bitte/Danke	please [plihs]/thank you [θänkjυ]
Entschuldige	sorry [Sori]
Entschuldigen Sie	Excuse me [Iks'kjuhs mi]
Darf ich …?	May I …? [mäi ai? …]
Wie bitte?	Pardon? ['pahdn?]
Ich möchte …/Haben Sie …?	I would like to …[ai wudd 'laik tə? …]/ Have you got …? ['Həw ju got? …]
Wie viel kostet …?	How much is …? ['hau matsch is? …]
Das gefällt mir (nicht)	I (don't) like this [Ai (dəunt) laik Dis]
gut/schlecht	good [gud]/bad [bäd]
offen/geschlossen	open ['oupän]/closed ['klousd]
kaputt/funktioniert nicht	broken ['brəukən]/doesn't work ['dasənd wörk]
Hilfe!/Achtung!/Vorsicht!	Help! [hälp!]/ Caution! ['koschən!]

BEGRÜSSUNG & ABSCHIED

Gute(n) Morgen/Tag!	Good morning! [gud 'mohning!]/ afternoon! [aftə'nuhn!]
Gute(n) Abend!/Nacht!	Good evening! [gud 'ihwning!]/night! [nait!]
Hallo!/Auf Wiedersehen!	Hello! [hə'ləu!]/Goodbye! [gud'bai!]
Tschüss!	bye! [bai!]
Ich heiße …	My name is … [mai näim is …]
Wie heißen Sie/heißt du?	What's your name? [wots jur näim?]
Ich komme aus …	I'm from … [Aim from …]

Do you speak English?

„Sprichst du Englisch?" Dieser Sprachführer hilft Ihnen, die wichtigsten Wörter und Sätze auf Englisch zu sagen

DATUMS- & ZEITANGABEN

Montag/Dienstag	monday ['mandäi]/tuesday ['tjuhsdäi]
Mittwoch/Donnerstag	wednesday ['wänsdäi]/thursday ['öhsdäi]
Freitag/Samstag	friday ['fraidäi]/saturday ['sätərdäi]
Sonntag/Werktag	sunday ['sandäi]/weekday ['wihkdäi]
Feiertag	holiday ['holidäi]
heute/morgen/gestern	today [tə'däi]/tomorrow [tə'moræu]/yesterday ['jästədäi]
Stunde/Minute	hour ['auər]/minutes ['minəts]
Tag/Nacht/Woche	day [däi]/night [nait]/week [wihk]
Monat/Jahr	month [manθ]/year [jiər]
Wie viel Uhr ist es?	What time is it? [wot 'taim isit?]
Es ist drei Uhr	It's three o'clock [its θrih əklok]

UNTERWEGS

links/rechts	left [läft]/right [rait]
geradeaus/zurück	straight ahead [streit ə'hät]/back [bäk]
nah/weit	near [niə]/far [fahr]
Eingang/Einfahrt	entrance ['äntrənts]/driveway ['draifwäi]
Ausgang/Ausfahrt	exit [ägsit]/exit [ägsit]
Abfahrt/Abflug/Ankunft	departure [dih'pahtschə]/departure [dih'pahtschə]/arrival [ə'raiwəl]
Darf ich Sie fotografieren?	May I take a picture of you? [mäi ai täik ə 'piktscha of ju?]
Wo ist ...?/Wo sind ...?	Where is ...? ['weə is]/Where are ...? ['weə ahr ...?]
Toiletten/Damen/Herren	toilets ['toilət] (auch: restrooms [restruhms])/ladies ['läidihs]/gentlemen ['dschäntlmən]
Bus/Straßenbahn	bus [bas]/tram [träm]
U-Bahn/Taxi	underground ['andəgraunt]/taxi ['tägsi]
Parkplatz/Parkhaus	parking place ['pahking pläis]/car park ['kahr pahk]
Stadtplan/(Land-)Karte	street map [striht mäp]/map [mäp]
Bahnhof/Hafen	(train) station [(träin) stäischən]/harbour [hahb^^ə]
Flughafen	airport ['eəpohrt]
Fahrplan/Fahrschein	schedule ['skädjuhl]/ticket ['tikət]
Zug/Gleis	train [träin]/track [träk]
einfach/hin und zurück	single ['singəl]/return [ri'törn]
Ich möchte ... mieten.	I would like to rent ... [Ai wud laik tə ränt ...]
ein Auto/ein Fahrrad	a car [ə kahr]/a bicycle [ə 'baisikl]
Tankstelle	petrol station ['pätrol stäischən]
Benzin/Diesel	petrol ['pätrəl]/diesel ['dihsəl]
Panne/Werkstatt	breakdown [bräikdaun]/garage ['gärasch]

ESSEN & TRINKEN

Reservieren Sie uns bitte für heute Abend einen Tisch für vier Personen	Could you please book a table for tonight for four? [kudd juh 'plihs buck ə 'täibəl for tunait for fohr]
Die Speisekarte, bitte	The menue, please [Də 'mänjuh plihs]
Könnte ich bitte ... haben?	May I have ...? [mäi ai häw ...?]
Messer/Gabel/Löffel	knife [naif]/fork [fohrk]/spoon [spuhn]
Salz/Pfeffer/Zucker	salt [sohlt]/pepper ['päppə]/sugar ['schuggə]
Essig/Öl	vinegar ['viniga]/oil [oil]
Milch/Sahne/Zitrone	milk [milk]/cream [krihm]/lemon ['lämən]
mit/ohne Eis/Kohlensäure	with [wiD]/without ice [wiD'aut ais]/gas [gäs]
Vegetarier(in)/Allergie	vegetarian [wätschə'täriən]/allergy ['ällədschi]
Ich möchte zahlen, bitte	May I have the bill, please? [mäi ai häw De bill plihs?]
Rechnung/Quittung	invoice ['inwois]/receipt [ri'ssiht]

EINKAUFEN

Wo finde ich ...?	Where can I find ...? [weə kän ai faind ...?]
Ich möchte .../Ich suche ...	I would like to ... [ai wudd laik tu]/I'm looking for ... [aim luckin foə]
Brennen Sie Fotos auf CD?	Do you burn photos on CD? [Du ju börn 'fəutəus on cidi?]
Apotheke/Drogerie	pharmacy ['farmə̣ssi]/chemist ['kɛmist]
Bäckerei/Markt	bakery ['bäikəri]/market ['mahkit]
Lebensmittelgeschäft	grocery ['grəuscheri]
Supermarkt	supermarket ['sjupəmahkət]
100 Gramm/1 Kilo	100 gram [won 'handrəd gräm]/1 kilo [won kiləu]
teuer/billig/Preis	expensive [iks'pänsif]/cheap [tschihp]/price [prais]
mehr/weniger	more [mor]/less [läss]
aus biologischem Anbau	organic [or'gännik]

ÜBERNACHTEN

Ich habe ein Zimmer reserviert	I have booked a room [ai häw buckt ə ruhm]
Haben Sie noch ...	Do you have any ... left? [du ju häf änni ... läft?]
Einzelzimmer	single room ['singəl ruhm]
Doppelzimmer	double room ['dabbəl ruhm] (Bei zwei Einzelbetten: twin room ['twinn ruhm])
Frühstück/Halbpension	breakfast ['bräckfəst]/half-board ['hahf boəd]
Vollpension	full-board [full boəd]
Dusche/Bad	shower ['schauər]/bath [bahθ]
Balkon/Terrasse	balcony ['bälkəni]/terrace ['tärräs]
Schlüssel/Zimmerkarte	key [ki]/room card ['ruhm kahd]
Gepäck/Koffer/Tasche	luggage ['laggətsch]/ suitcase ['sjutkäis]/bag [bäg]

SPRACHFÜHRER

BANKEN & GELD

Bank/Geldautomat	bank [bänk]/ATM [äi ti äm]/cash machine ['käschməschin]
Geheimzahl	pin [pin]
Ich möchte … Euro wechseln	I'd like to change … Euro [aid laik tu tschäindsch … iuhro]
bar/ec-Karte/Kreditkarte	cash [käsch]/ATM card [äi ti äm kahrd]/credit card [krädit kahrd]
Banknote/Münze	note [nout]/coin [koin]
Wechselgeld	change [tschäindsch]

TELEKOMMUNIKATION & MEDIEN

Ich suche eine Prepaidkarte	I'm looking for a prepaid card [aim 'lucking fohr ə 'pripäid kahd]
Wo finde ich einen Internetzugang?	Where can I find [wär känn ai faind] internet access? ['internet 'äkzäss]
Brauche ich eine spezielle Vorwahl?	Do I need a [du ai nihd ə] special area code? ['späschəl 'äria koud]
Computer/Batterie/Akku	computer [komp'jutə]/battery ['bättəri]/rechargeable battery [ri'tschahdschəbəl 'bättəri]
At-Zeichen („Klammeraffe")	at symbol [ät 'simbəl]
Internetanschluss/WLAN	internet connection ['internet kə'näktschən]/Wifi [waifai] (auch: Wireless LAN ['waərläss lan])
E-Mail/Datei/ausdrucken	email ['imäil]/file [fail]/ print [print]

ZAHLEN

0	zero ['sirou]	18	eighteen [äi'tihn]
1	one [wan]	19	nineteen [nain'tihn]
2	two [tuh]	20	twenty ['twänti]
3	three [θri]	21	twenty-one ['twänti 'wan]
4	four [fohr]	30	thirty [θör'ti]
5	five [faiw]	40	fourty [fohr'ti]
6	six [siks]	50	fifty [fif'ti]
7	seven ['säwən]	60	sixty [siks'ti]
8	eight [äit]	70	seventy ['säwənti]
9	nine [nain]	80	eighty ['äiti]
10	ten [tän]	90	ninety ['nainti]
11	eleven [i'läwn]	100	(one) hundred [('wan) 'handrəd]
12	twelve [twälw]	200	two hundred ['tuh 'handrəd]
13	thirteen [θör'tihn]	1000	(one) thousand [('wan) θausənd]
14	fourteen [fohr'tihn]	2000	two thousand ['tuh θausənd]
15	fifteen [fif'tihn]	10000	ten thousand ['tän θausənd]
16	sixteen [siks'tihn]	1/2	a/one half [ə/wan 'hahf]
17	seventeen ['säwəntihn]	1/4	a/one quarter [ə/wan 'kwohtə]

REISEATLAS

Die grüne Linie ▬▬ zeichnet den Verlauf der Ausflüge & Touren nach
Die blaue Linie ▬▬ zeichnet den Verlauf der Perfekten Route nach

Der Gesamtverlauf aller Touren ist auch in der herausnehmbaren Faltkarte eingetragen

Bild: London, Westminster-Palast mit Glockenturm (Big Ben)

Unterwegs in England

Die Seiteneinteilung für den Reiseatlas finden Sie auf dem hinteren Umschlag dieses Reiseführers

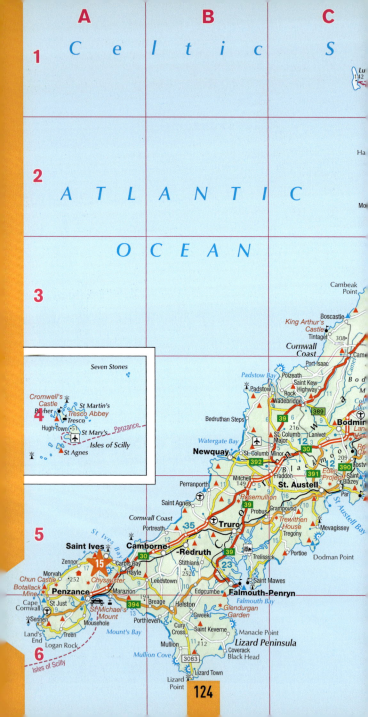

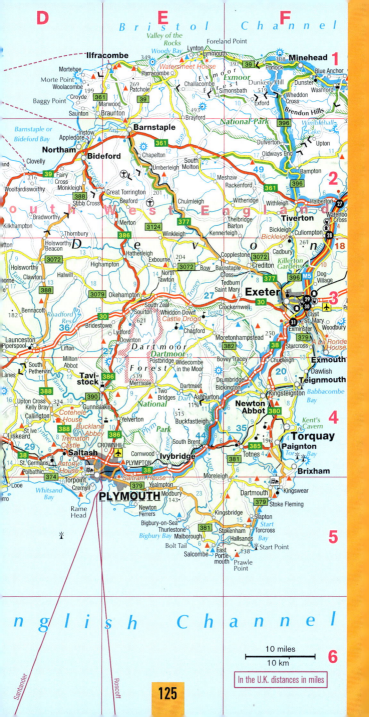

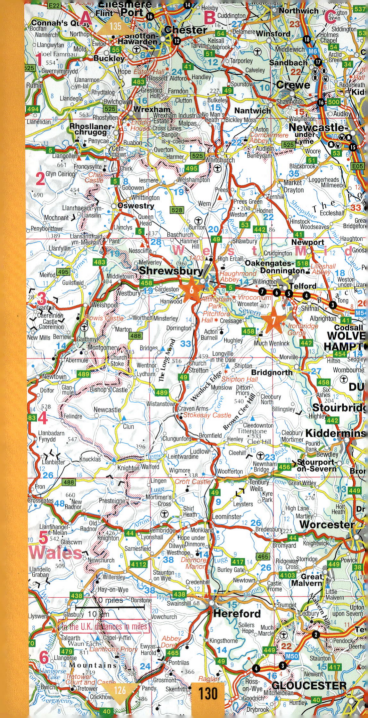

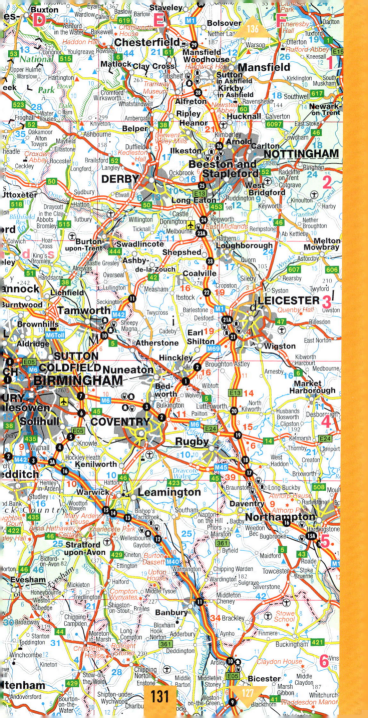

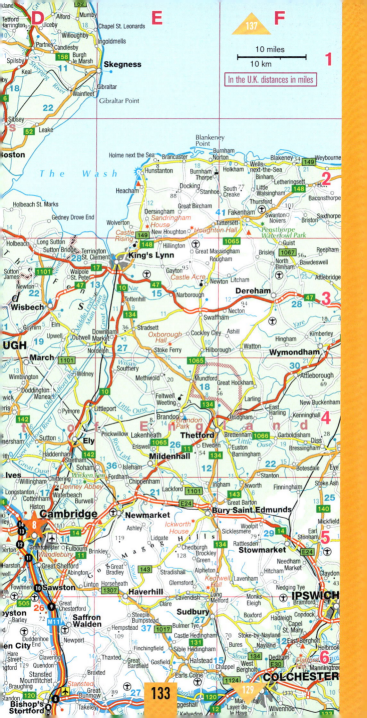

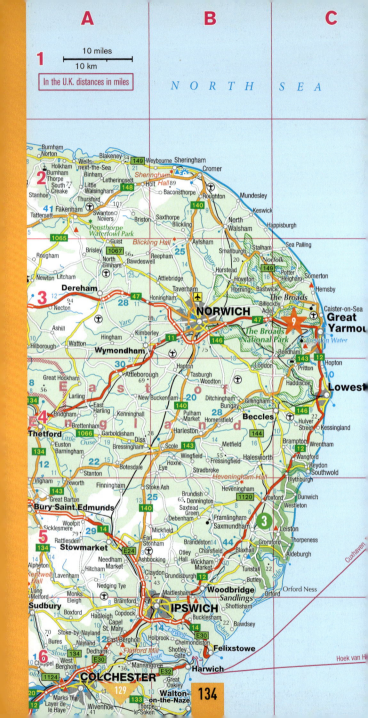

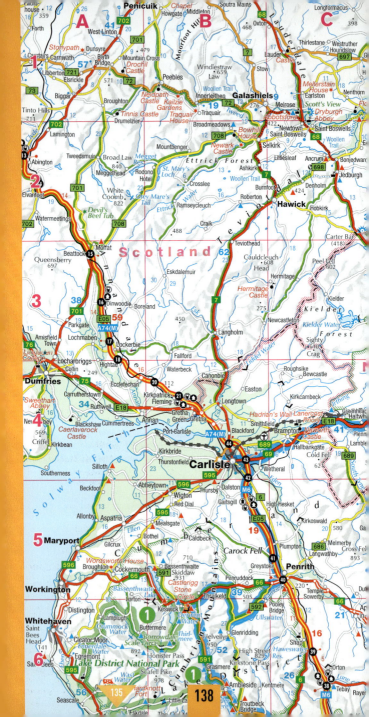

KARTENLEGENDE

18 – 26	Autobahn mit Anschlussstellen	Motorway with junctions
	Autobahn in Bau	Motorway under construction
I	Mautstelle	Toll station
O	Raststätte mit Übernachtung	Roadside restaurant and hotel
	Raststätte	Roadside restaurant
	Tankstelle	Filling-station
	Autobahnähnliche Schnellstraße mit Anschlussstelle	Dual carriage-way with motorway characteristics with junction
	Fernverkehrsstraße	Trunk road
	Durchgangsstraße	Thoroughfare
	Wichtige Hauptstraße	Important main road
	Hauptstraße	Main road
	Nebenstraße	Secondary road
	Eisenbahn	Railway
	Autozug-Terminal	Car-loading terminal
	Zahnradbahn	Mountain railway
	Kabinenschwebebahn	Aerial cableway
	Eisenbahnfähre	Railway ferry
	Autofähre	Car ferry
	Schifffahrtslinie	Shipping route
	Landschaftlich besonders schöne Strecke	Route with beautiful scenery
Alleenstr.	Touristenstraße	Tourist route
XI-V	Wintersperre	Closure in winter
××××	Straße für Kfz gesperrt	Road closed to motor traffic
8%	Bedeutende Steigungen	Important gradients
	Für Wohnwagen nicht empfehlenswert	Not recommended for caravans
	Für Wohnwagen gesperrt	Closed for caravans
☼	Besonders schöner Ausblick	Important panoramic view
Wartenstein / *Umbalfälle*	Sehenswert: Kultur - Natur	Of interest: culture - nature
	Badestrand	Bathing beach
	Nationalpark, Naturpark	National park, nature park
	Sperrgebiet	Prohibited area
	Kirche	Church
	Kloster	Monastery
	Schloss, Burg	Palace, castle
	Moschee	Mosque
	Ruinen	Ruins
	Leuchtturm	Lighthouse
	Turm	Tower
∩	Höhle	Cave
∴	Ausgrabungsstätte	Archaeological excavation
▲	Jugendherberge	Youth hostel
	Allein stehendes Hotel	Isolated hotel
	Berghütte	Refuge
▲	Campingplatz	Camping site
	Flughafen	Airport
	Regionalflughafen	Regional airport
⊕	Flugplatz	Airfield
	Staatsgrenze	National boundary
	Verwaltungsgrenze	Administrative boundary
⊖	Grenzkontrollstelle	Check-point
⊖	Grenzkontrollstelle mit Beschränkung	Check-point with restrictions
ROMA	Hauptstadt	Capital
VENÉZIA	Verwaltungssitz	Seat of the administration
	Ausflüge & Touren	Trips & Tours
	Perfekte Route	Perfect route
★	MARCO POLO Highlight	MARCO POLO Highlight

FÜR DIE NÄCHSTE REISE ...

ALLE **MARCO POLO** REISEFÜHRER

DEUTSCHLAND

Allgäu
Bayerischer Wald
Berlin
Bodensee
Chiemgau/
 Berchtesgadener
 Land
Dresden/
 Sächsische
 Schweiz
Düsseldorf
Eifel
Erzgebirge/
 Vogtland
Föhr/Amrum
Franken
Frankfurt
Hamburg
Harz
Heidelberg
Köln
Lausitz/
 Spreewald/
 Zittauer Gebirge
Leipzig
Lüneburger Heide/
 Wendland
Mecklenburgische
 Seenplatte
Mosel
München
Nordseeküste
 Schleswig-
 Holstein
Oberbayern
Ostfriesische Inseln
Ostfriesland/
 Nordseeküste
 Niedersachsen/
 Helgoland
Ostseeküste
 Mecklenburg-
 Vorpommern
Ostseeküste
 Schleswig-
 Holstein
Pfalz
Potsdam
Rheingau/
 Wiesbaden
Rügen/Hiddensee/
 Stralsund
Ruhrgebiet
Sauerland
Schwarzwald
Stuttgart
Sylt
Thüringen
Usedom
Weimar

ÖSTERREICH SCHWEIZ

Berner Oberland/
 Bern
Kärnten
Österreich
Salzburger Land
Schweiz
Steiermark
Tessin
Tirol
Wien
Zürich

FRANKREICH

Bretagne
Burgund
Côte d'Azur/
 Monaco
Elsass
Frankreich
Französische
 Atlantikküste
Korsika
Languedoc-
 Roussillon
Loire-Tal
Nizza/Antibes/
 Cannes/Monaco
Normandie
Paris
Provence

ITALIEN MALTA

Apulien
Dolomiten
Elba/Toskanischer
 Archipel
Emilia-Romagna
Florenz
Gardasee
Golf von Neapel
Ischia
Italien
Italienische Adria
Italien Nord
Italien Süd
Kalabrien
Ligurien/Cinque
 Terre
Mailand/
 Lombardei
Malta/Gozo
Oberital. Seen
Piemont/Turin
Rom
Sardinien
Sizilien/Liparische
 Inseln
Südtirol
Toskana
Umbrien
Venedig
Venetien/Friaul

SPANIEN PORTUGAL

Algarve
Andalusien
Barcelona
Baskenland/
 Bilbao
Costa Blanca
Costa Brava
Costa del Sol/
 Granada
Fuerteventura
Gran Canaria
Ibiza/Formentera
Jakobsweg/
 Spanien
La Gomera/
 El Hierro
Lanzarote
La Palma
Lissabon
Madeira
Madrid
Mallorca
Menorca
Portugal
Spanien
Teneriffa

NORDEUROPA

Bornholm
Dänemark
Finnland
Island
Kopenhagen
Norwegen
Oslo
Schweden
Stockholm
Südschweden

WESTEUROPA BENELUX

Amsterdam
Brüssel
Cornwall und
 Südengland
Dublin
Edinburgh
England
Flandern
Irland
Kanalinseln
London
Luxemburg
Niederlande
Niederländische
 Küste
Schottland

OSTEUROPA

Baltikum
Budapest
Danzig
Krakau
Masurische Seen
Moskau
Plattensee
Polen
Polnische
 Ostseeküste/
 Danzig
Prag
Slowakei
St. Petersburg
Tallinn
Tschechien
Ukraine
Ungarn
Warschau

SÜDOSTEUROPA

Bulgarien
Bulgarische
 Schwarzmeer-
 küste
Kroatische Küste/
 Dalmatien
Kroatische Küste/
 Istrien/Kvarner
Montenegro
Rumänien
Slowenien

GRIECHENLAND TÜRKEI ZYPERN

Athen
Chalkidiki/
 Thessaloniki
Griechenland
 Festland
Griechische Inseln/
 Ägäis
Istanbul
Korfu
Kos
Kreta
Peloponnes
Rhodos
Samos
Santorin
Türkei
Türkische Südküste
Türkische Westküste
Zákinthos/Itháki/
 Kefalloniá/Léfkas
Zypern

NORDAMERIKA

Alaska
Chicago und
 die Großen Seen
Florida
Hawai'i
Kalifornien
Kanada
Kanada Ost
Kanada West
Las Vegas
Los Angeles
New York
San Francisco
USA
USA Ost
USA Südstaaten/
 New Orleans
USA Südwest
USA West
Washington D.C.

MITTEL- UND SÜDAMERIKA

Argentinien
Brasilien
Chile
Costa Rica
Dominikanische
 Republik
Jamaika
Karibik/
 Große Antillen
Karibik/
 Kleine Antillen
Kuba
Mexiko
Peru/Bolivien
Venezuela
Yucatán

AFRIKA UND VORDERER ORIENT

Ägypten
Djerba/
 Südtunesien
Dubai
Israel
Jordanien
Kapstadt/
 Wine Lands/
 Garden Route
Kapverdische
 Inseln
Kenia
Marokko
Namibia
Rotes Meer/Sinai
Südafrika
Tansania/
 Sansibar
Tunesien
Vereinigte
 Arabische
 Emirate

ASIEN

Bali/Lombok/Gilis
Bangkok
China
Hongkong/Macau
Indien
Indien/Der Süden
Japan
Kambodscha
Ko Samui/
 Ko Phangan
Krabi/Ko Phi Phi/
 Ko Lanta
Malaysia
Nepal
Peking
Philippinen
Phuket
Shanghai
Singapur
Sri Lanka
Thailand
Tokio
Vietnam

INDISCHER OZEAN UND PAZIFIK

Australien
Malediven
Mauritius
Neuseeland
Seychellen

REGISTER

In diesem Register sind alle im Reiseführer erwähnten Orte und Ausflugsziele aufgeführt. Gefettete Seitenzahlen verweisen auf den Haupteintrag.

Aintree 106
Aldeburgh 66, 95, 96, 107
Alnwick 46
Althorp 22, **55**
Alton Towers 104
Ambleside 92
Angel of the North 30, **46**
Ascot 23, 107
Bamburgh 48
Barnsley 57
Barton Broad 77
Bath 15, 29, 31, 78, 96, 106
Beamish Open Air Museum 102
Beaulieu 90
Bewilderwood 104
Bibury 52, **57**
Birmingham 14, **52**, 63, 112
Blackpool Pleasure Beach 103
Blenheim Palace 62
Blists Hill 104
Bodmin 71
Borrowdale 37
Bournemouth 78, **89**
Bourton-on-the-Water 57
Bowness-on-Windermere 36
Bradford 38
Braithwaite 37
Brighton 29, 31, 78, **82**, 87, 89, 107
Bristol 31, 78, **80**
Broadway 52, **58**
Brontë Waterfalls 94
Burnham Thorpe 15, 70, **76**
Buttermere 94
Cambridge 30, 31, 34, 66, **67**, 106, 111
Canterbury 30, 78, **83**
Carlisle 47
Castle Howard 49
Castlerigg Stone Circle 37, 94
Cavendish 74
Charleston Farmhouse 83
Cheddar 28, 105
Cheltenham 57
Chessington World of Adventure 105
Chester 23, 43, **44**
Chichester 23
Chipping Norton 29
Cirencester 57
Clare 74
Colchester 66, **72**
Coopers Hill 106
Corbridge 47
Cornwall 12, 15, 17, 78, 90, 91, 100, 101, 144
Cotswolds 29, 52, 57, 58, 61
Cromer 81
Crummock Water 36
Dartmoor 16, 31, 101
Dedham 74
Devon 101
Dorking 17
Dorset 101
Dover 30, 31, 84, 112
Dover Castle 30, **84**
Dragon Hall, Norwich 74
Dunwich 96

Durham **33**, 47, 102
East Anglia 66, 75, 95, 108
East Bergholt 74
East Harptree 16
East Witton 51
Ely 71
Ennerdale Bridge 93
Eton 61, **88**
Exeter 31
Exmoor 31, 101
Fakenham 104
Farne Islands 47
Firstsite, Colchester 72
Flatford Mill 74
Fountains Abbey 49
Freshwater Bay 89
Glebe Farm 56
Gloucester 15
Goathland 15
Goodwood 23
Grantchester 70
Grasmere 37
Grassington 51
Grosmont 50
Hadrian's Wall 15, 30, **46**, 50
Halifax 16
Haltwhistle 47
Hardknott Forts 92
Hardknott Pass 92
Harome 50
Harrogate 106
Harwich 72, 100, 112
Hastings 12
Hawes 51
Haworth 94, 95
Henley-on-Thames 107
Holkham Beach 70
Honister Pass 37, 94
Horning 77, 104
Houghton Hall 76
Hoveton 104
Hull 66, 100, 112
Hunstanton 101
Ironbridge Gorge **64**, 104
Isle of Man 92
Isle of Wight **89**, 101, 107
Keswick 30, **37**, 94
King's Lynn **76**, 101, 108
Lake Buttermere 36
Lake District 30, 32, **36**, 92, 101, 144
Lake Windermere 36, 101
Land's End 91
Launceston 16
Lavenham 73
Leeds 19, 29, 30, 32, 37, 38
Legoland Discovery Center 104
Lewes 107
Lincolnshire 100
Lindisfarne 33, **47**
Liverpool 25, 30, 32, **38**, 50, 100, 104, 106, 107
Liverpool FC (Stadiontour) 104
London 11, 15, 17, 19, 22, 23, 25, 27, 28, 29, 30, 34, 37, 38, 59, 64, 69, 72, 74, 82, **85**, 97, 100, 105, 106, 107, 110, 111, 112, 115, 116
Longleat House 81

Long Melford 74
Ludlow 65
Lyndhurst 90
Malvern 16
Manchester 14, 19, 25, 30, 32, **41**, 104, 112
Manchester United FC (Stadiontour) 104
Mousehole 108
Nether Wasdale 93
Newcastle 14, 19, 30, 32, **44**, 47, 103, 112
New Forest 90, 144
Newmarket 67, **71**, 72
Newquay **91**, 101
Newtondale-Schlucht 14, 50
Norfolk 22, 104
Norfolk Broads 75, **77**, 99
Northumberland 33, 46
North York Moors National Park 16, **50**
Norwich 66, **74**
Orford 95
Osborne House 90
Oxford 31, 34, 52, **58**, 63, 67, 100, 106, 108, 111
Padstow 25
Painswick 58
Peninstone Hill 94
Pennines 32
Penstorpe Waterfowl Park 104
Penzance 16, 90, 108
Pickering 50
Plymouth 31
Poole 28
Porlock 31
Portsmouth 88
Ravenglass 92, 93
Reeth 51
Rievaulx Abbey 50
Ripley 50
Ripon 50
Robin Hood's Bay 51
Rugby 99
Runswick Bay 51
Rye 84
Salisbury 31
Saltaire 38
Sandringham House 22, 77, 108
Scafell Pike 92, 93
Scarborough 50
Seahouses 48
Seaton Delaval Hall 48
Shrewsbury 52, 61, **63**
Shropshire 52
Silverstone 106
Snape Maltings 95
Somerset 101
Southampton 98
Southport 100
Southwold 96
Stanton 58
St. Austell 91
St. Erth 91
St. Ives 90
St. Just 91
Stokesay Castle 65

IMPRESSUM

Stonehenge 31, **81**, 107, 144
Stratford-upon-Avon **55**, 63, 94
Tennyson Down 89
The Needles 89
Thorpeness 96
Top Withins 94, 95
Towcester 106
Waddesdon Manor 62
Wakefield 16

Warwick Castle 56
Wasdale Head 93
Wast Water 92, 93
Wells **81**, 105
Westleton-Minsmere-Reservat 96
Whitby 33, 50, **51**
Wimbledon 101
Winchester 90

Windermere 36
Windsor 17, 22, 61, **88**
Wookey Hole Caves 105
Wroxham 77, 104
Wrynose Pass 92
York 30, 33, **48**
Yorkshire Dales National Park **51**, 100
Yorkshire Sculpture Park 16

SCHREIBEN SIE UNS!

SMS-Hotline: 0163 6 39 50 20

Egal, was Ihnen Tolles im Urlaub begegnet oder Ihnen auf der Seele brennt, lassen Sie es uns wissen! Ob Lob, Kritik oder Ihr ganz persönlicher Tipp – die MARCO POLO Redaktion freut sich auf Ihre Infos.

Wir setzen alles dran, Ihnen möglichst aktuelle Informationen mit auf die Reise zu geben. Dennoch schleichen sich manchmal Fehler ein – trotz gründ-

E-Mail: info@marcopolo.de

licher Recherche unserer Autoren/innen. Sie haben sicherlich Verständnis, dass der Verlag dafür keine Haftung übernehmen kann. Kontaktieren Sie uns per SMS, E-Mail oder Post!

MARCO POLO Redaktion
MAIRDUMONT
Postfach 31 51
73751 Ostfildern

IMPRESSUM

Titelbild: Rote Telefonzelle (Getty Images: VisitBritain (Lee Beel))
Fotos: Camel Valley: Simon Burt (17 o.); DuMont Bildarchiv: Böttcher/Tiensch (26 l.), Lyons (94), Schmidt (75); Ekopod: Kirstin Prisk (16 u.); R. Freyer (15, 22, 107, 110 u., 111); Getty Images: VisitBritain (Lee Beel) (1 o.); R. Hackenberg (6, 48, 51); Huber: Damm (30 r.), Devaux (98/99), Dolder (71, 106/107), Fantuz (2 M. u., 10/11, 32/33, 82/83), Huber (Klappe l.), Lawrence (2 u., 52/53), Leimer (Klappe r., 34), Mackie (3 o., 21, 66/67, 96/97, 110 o.), Picture Bank (24/25), PictureFinders (122/123), Ripani (3 u., 18/19, 36, 92/93), Sharpe (46/47, 58/59, 68), Giovanni Simeone (3 M., 78/79); M. Kirchgessner (72); Laif: Arcaid (Durant) (54), Gonzalez (2 M. o., 7), Haeberle (9, 80), hemis.fr (Maisant) (40), Jonkmanns (45), Krinitz (91), REA (42), Reporters (Verpoorten) (8), Tripelon (Jarry) (100), Westrich (86); Look: age fotostock (84/85), Pompe (27, 30 l., 76/77), The Travel Library (39); mauritius images: Alamy (2 o., 4, 5, 26 r., 60, 65, 102/103, 105), Merten (12/13), Noble (56), Vidler (62), Visa Image (106); noSno: Pete Tatham (16 o.); M. Pohl (1 u.); S. Randebrock (28, 28/29, 29); Silvestris: Stadler (89); The Chessboxing Organisation: James Bartosik, bartosik.org (17 u.); Yorkshire Sculpture Park: Jonty Wilde (16 M.)

12. Auflage 2013
Komplett überarbeitet und neu gestaltet
© MAIRDUMONT GmbH & Co. KG, Ostfildern
Chefredakteur: Michaela Lienemann (Konzept, Chefin vom Dienst), Marion Zorn (Konzept, Textchefin)
Autorin: Kathrin Singer; Koautoren: Michael Pohl, John Sykes; Redaktion: Ulrike Frühwald
Verlagsredaktion: Anita Dahlinger, Ann-Katrin Kutzner, Nikolai Michaelis
Bildredaktion: Gabriele Forst, Barbara Schmid
Im Trend: wunder media, München
Kartografie Reiseatlas: © MAIRDUMONT, Ostfildern; Kartografie Faltkarte: © MAIRDUMONT, Ostfildern
Innengestaltung: milchhof:atelier, Berlin; Titel, S. 1, Titel Faltkarte: factor product münchen
Sprachführer: in Zusammenarbeit mit Ernst Klett Sprachen GmbH, Stuttgart, Redaktion PONS Wörterbücher
Das Werk einschließlich aller seiner Teile ist urheberrechtlich geschützt. Jede urheberrechtsrelevante Verwertung ist ohne Zustimmung des Verlags unzulässig und strafbar. Das gilt insbesondere für Vervielfältigungen, Übersetzungen, Nachahmungen, Mikroverfilmungen und die Einspeicherung und Verarbeitung in elektronischen Systemen.
Printed in Germany. Gedruckt auf 100% chlorfrei gebleichtem Papier

BLOSS NICHT

Auch in England gibt es Dinge, die Sie besser nicht tun sollten

FALSCH PARKEN

Parken ist in England im Sommer eine nervenaufreibende Angelegenheit. Vor allem die hübschen Orte in Cornwall, im New Forest und im Lake District sind ziemlich überlastet. Falschparker werden fast 100-prozentig geschnappt, empfindlich zur Kasse gebeten und nicht selten abgeschleppt. Nutzen Sie deshalb lieber die öffentlichen Verkehrsmittel, oder wählen Sie einen Dauerparkplatz außerhalb des Zentrums.

ATTRAKTIONEN AM WOCHENENDE AUFSUCHEN

An Wochenenden herrscht vielerorts großes Gedränge. Man ist gut beraten, die absoluten Höhepunkte wie Stonehenge oder Westminster Abbey unter der Woche zu besichtigen.

LOSPLATZEN

Die beiden Wörtchen *Excuse me* sollten unbedingt jeder Frage oder Bitte um Auskunft vorangestellt werden, ob im Laden, in der Bahn, im Pub oder in der Bank. *Hello* oder *Mister* ist bei den Briten absolut verpönt.

DOUBLE BEDS BESTELLEN

Wenn Sie etwas mehr Platz zu zweit im Bett bevorzugen, sollten Sie bei der Buchung eines Bed & Breakfast ein Doppelzimmer mit zwei Einzelbetten *(twins)* und nicht einfach ein Doppelzimmer bestellen. Letzteres ist mit Doppelbett, das für den kontinentalen Geschmack manchmal zu schmal ist. Hotels und die besseren B & Bs haben mittlerweile oft große, bequeme Betten mit Luxuswäsche. Schauen Sie auf der Website oder fragen Sie bei der Buchung.

VORDRÄNGELN

Anstellen ist eine englische Leidenschaft. An den Bushaltestellen wird das am deutlichsten. Also bitte nicht geradewegs zur Bustür stürzen, sondern erst einmal umschauen und sehen, ob sich nicht vor dem Bus bereits eine Warteschlange formiert hat. Auch in Restaurants sollte man schauen, ob ein Schild *Please wait to be seated* aufgestellt ist. Dann wartet man darauf, einen Tisch zugewiesen zu bekommen

DEN BESSERWISSER HERAUSKEHREN

Engländer können es überhaupt nicht leiden, wenn sie den Eindruck haben, belehrt zu werden. Sich mit (auch gut gemeinten) Ratschlägen zurückzuhalten ist daher unbedingt zu empfehlen.

EMPFINDLICH SEIN

Briten machen gern ihre Witze über die Deutschen und den Zweiten Weltkrieg. Vor allem wenn Deutschland gegen England Fußball spielt, sind die Boulevardblätter voll mit derben Vergleichen. Sich darüber aufzuregen lohnt auf keinen Fall. Meistens ist es auch nicht so ernst gemeint.